Christina Hirson

Zitate für jeden Anlass

Inhalt

Freunde und Familie

Große Gefühle

Service

Freunde und Familie

Die Familie prägt den Menschen. Sie ist es, die dem Kind die Welt eröffnet. In ihr fühlen wir uns geborgen und begreifen spielerisch, was es bedeutet, Mitglied einer Gemeinschaft zu sein. Auf diese Weise entwickeln wir das Talent zur echten Freundschaft. Familie und Freunde erweisen sich oft als die einzigen Konstanten in der Unruhe des Lebens. Es gibt viele Gelegenheiten und Anlässe, Ihre Lieben mit einem schönen Wort zu erfreuen.

Freundschaft und Sympathie

Freundschaft in ihrer Vollkommenheit betrachtet ist die Vereinigung zweier Personen durch gleiche wechselseitige Liebe und Achtung.
Immanuel Kant, deutscher Philosoph (1724–1804)

Die Freundschaft ist ein Vertrag, durch den wir uns verpflichten, kleine Dienste zu erweisen, damit wir in den Genuss größerer kommen.
Charles Baron de Montesquieu, französischer Schriftsteller (1689–1755)

Bringe die Menschen dazu, dass sie von sich selbst eine höhere Meinung bekommen und Du schaffst Dir bleibende Freunde.
Lord Philip Dormer Stanhope Chesterfield,
englischer Staatsmann und Schriftsteller (1694–1773)

Ein treuer Freund ist ein starker Schutz, wer den hat, der hat einen großen Schatz.
Buch Jesus Sirach 6,14 (Luther-Bibel)

Was mich am meisten auf meinem Wege gehindert hat, das ist die unglückselige Gabe, bei jedem, was mich betrifft und woran aber auch andere beteiligt sind, mich in die Seele und die Zustände dieser anderen zu versetzen.
Wilhelm Raabe, deutscher Erzähler (1831–1910)

Freundschaft ist weit tragischer als Liebe. Sie dauert länger.
Oscar Wilde, englischer Schriftsteller (1854–1900)

Wenn du willst, dass Dir jemand nicht mehr unsympathisch ist, tue ihm Gutes, und du wirst sehen, dass er dir sympathisch wird.
Jacinto Benavente, spanischer Dramatiker (1866–1954)

Freundschaft, das ist wie Heimat.
Kurt Tucholsky, deutscher Schriftsteller (1890–1935)

Wenn uns die Menschen gefallen, die uns gerade umgeben, so gefällt uns die ganze Menschheit.
Heinrich von Kleist, deutscher Dichter (1777–1811)

Die Seele, die ganz sicher wäre, dass sie irgendwo im Weltenraum der Freundesseele begegnen wird, sie würde ein Jahrtausend hindurch in der Einsamkeit zufrieden und fröhlich sein.
Ralph Waldo Emerson, amerikanischer Dichter und Philosoph (1803–1882)

Mitfreude, nicht Mitleiden, macht den Freund.
Friedrich Nietzsche, deutscher Philosoph (1844–1900)

Schöneres ist nichts in der Welt als Neigung, durch Vernunft und Gewissen geleitet.
Johann Wolfgang von Goethe, deutscher Dramatiker und Dichter (1749–1832)

Bekannte kommen und gehen, Freunde nicht.
Ludwig Feuerbach, deutscher Philosoph (1804–1872)

Es wird wenige geben, welche, wenn sie um Stoff zur Unterhaltung verlegen sind, nicht die geheimeren Angelegenheiten ihrer Freunde preisgeben.
Friedrich Nietzsche, deutscher Philosoph (1844–1900)

Den sicheren Freund erkennt man in unsicherer Sache.
Quintus Ennius, lateinischer Dichter (239–169 v. Chr.)

Der Freund ist ein zweites Ich.
Marcus Tullius Cicero, römischer Staatsmann, Redner und Philosoph (106–43 v. Chr.)

Freundschaft ist eine Seele in zwei Körpern.
Aristoteles, griechischer Philosoph (384–322 v. Chr.)

Es gibt wenig aufrichtige Freunde. Die Nachfrage ist auch gering.
Marie von Ebner-Eschenbach, österreichische Schriftstellerin (1830–1916)

Ich war schon immer der Ansicht, dass das größte Privileg, die größte Hilfe und der größte Trost in einer Freundschaft darin besteht, dass man nichts erklären muss.
Katherine Mansfield, englische Erzählerin (1888–1923)

So kann ich hier nicht ferner hausen, / mein Freund kannst du nicht länger sein.
Friedrich von Schiller, deutscher Dramatiker (1759–1805)

Wussten Sie schon ...

Das Zitat stammt aus Schillers Ballade »Der Ring des Polykrates« von 1797. Mit ihm möchte man jemandem scherzhaft begreiflich machen, dass man sein Verhalten missbilligt. Polykrates, der Tyrann von Samos, hatte einen kostbaren Ring ins Meer geworfen, um die Götter zu beschwichtigen. Während eines Gastmahls taucht der Ring im Bauch eines Fisches wieder auf. Polykrates' Gast – der König von Ägypten – wendet sich voll Grausen mit obigen Worten von seinem Gastgeber ab und empfiehlt sich mit den Versen: »Die Götter wollen dein Verderben, / Fort eil ich, nicht mit dir zu sterben.«

Ohne Freunde können wir kein vollkommenes Leben haben.
Dante Alighieri, italienischer Dichter (1265–1321)

Alle anziehenden Leute sind immer im Kern verdorben. Darin liegt das Geheimnis ihrer sympathischen Kraft.
Oscar Wilde, englischer Schriftsteller (1854–1900)

Die Freundschaft fließt aus vielen Quellen, am reinsten aber aus dem Respekt.
Daniel Defoe, englischer Schriftsteller (1660–1731)

Die Liebe gleicht dem Schatten des Morgens, der immer kleiner wird, echte Freundschaft, im Geiste der Alten, dem Schatten des Abends, der wächst, bis die Sonne des Lebens hinabsinkt.
Karl Julius Weber, deutscher Jurist und Privatgelehrter (1767–1832)

Es sollt' ein Freund des Freundes Schwächen tragen. (aus: *Julius Cäsar*)
William Shakespeare, englischer Dramatiker (1564–1616)

Freundschaft hält Stand in allen anderen Dingen, / Nur in der Liebe Dienst und Werbung nicht. (aus: *Viel Lärm um nichts*)
William Shakespeare, englischer Dramatiker (1564–1616)

Familie

Die Familie ist die älteste aller Gemeinschaften und die einzig natürliche.
Jean-Jacques Rousseau, französischer Schriftsteller und Philosoph (1712–1778)

Das Erste, das der Mensch im Leben vorfindet, das Letzte, wonach er die Hand ausstreckt, das Kostbarste, was er im Leben besitzt, ist die Familie.
Adolf Kolping, Gründer der katholischen Gesellenvereine (1813–1865)

Die Familie ist ein Meisterwerk der Natur.
George Santayana, amerikanischer Philosoph (1863–1952)

Es ist immer die Frau, die für Harmonie sorgen muss, um die Ehe zu retten. Frauen entscheiden sich für die Familie – auch wenn sie sich dabei manchmal gegen sich selbst entscheiden.
Sophia Loren, italienische Filmschauspielerin (geb. 1934)

Zwei Familien nur gibt es auf der Welt, sagte meine alte Großmutter immer, die, die was haben und die Habenichtse.
Miguel de Cervantes Saveedra, spanischer Schriftsteller (1547–1616)

Wussten Sie schon ...

Das Zitat aus dem 20. Kapitel von Cervantes' »Don Quichotte« diente womöglich als Titel für Ernest Hemingways Roman »Haben und Nichthaben« (»To have and to have not«) von 1937. Darin will ein mittelloser Bootsverleiher mit skrupellosen Methoden zu Reichtum kommen, was er am Ende mit dem Leben bezahlt. Der Stoff wurde 1944 unter der Regie von Howard Hawks verfilmt.

Wahren Adel verleiht uns nicht eine Vorhalle mit rauchgeschwärzten Bildern unserer Vorfahren. Niemand hat zu unserem Ruhme gelebt.
Lucius Annaeus Seneca, römischer Dichter und Philosoph (um 4 v. Chr. – 65 n. Chr.)

Es gibt Leute, welche den Vogel ganz genau zu kennen glauben, weil sie das Ei gesehen haben, woraus er hervorgekrochen ist.
Heinrich Heine, deutscher Dichter (1797–1856)

Das Wort »Familienbande« hat einen Beigeschmack von Wahrheit.
Karl Kraus, österreichischer Schriftsteller (1874–1936)

Ja, ich habe Karriere gemacht. Aber neben meiner Familie erscheint sie mir unbedeutend.
Lee Iacocca, amerikanischer Spitzenmanager (geb. 1924)

Meine Familie hielt so eng zusammen, dass ich manchmal das Gefühl hatte, dass wir eine einzige, aus vier Teilen bestehende Person seien.
Henry Ford, amerikanischer Großindustrieller (1863–1947)

Soll ich meines Bruders Hüter sein?
1. Mose 4,9

Nur um eine liebende Frau her kann sich eine Familie bilden.
Friedrich von Schlegel, deutscher Dichter und Philosoph (1772–1829)

Urahne, Großmutter, Mutter und Kind / in dumpfer Stube beisammen sind.
Gustav Schwab, deutscher Dichter (1792–1850)

Wussten Sie schon ...

So beginnt Schwabs Gedicht »Das Gewitter« aus dem Jahre 1828. Die Verse werden zitiert um zu illustrieren, dass Familienmitglieder mehrerer Generationen zusammengekommen sind; etwa für eine Geburtstagsfeier oder ein Jubiläum. Das tragische Ende – alle vier werden tödlich vom Blitz getroffen – inspirierte den deutschen Komiker Heinz Erhardt (1909–1979) zu einer ganz eigenwilligen Interpretation der Katastrophe: »Die dumpfe Stube entflammt und verglimmt / mit Urhammel, Großbutter, Butter und Zimt.«

Wenn alle Bande sich auflösen, wird man zu den häuslichen zurückgewiesen.
Johann Wolfgang von Goethe, deutscher Dramatiker und Dichter (1749–1832)

Verwandte sind selten mehr als Bekannte.
August von Kotzebue, deutscher Dramatiker (1761–1819)

Familiensinn ist relativ. In Italien ist der angeheiratete Neffe eines armen Großonkels noch ein lieber Verwandter, in Amerika ist die Schwiegertochter eines Millionärs bereits eine Fremde.
Roberto Rossellini, italienischer Filmregisseur (1906–1977)

Wir sind geboren, um gemeinsam zu leben. Und unsere Gemeinschaft ähnelt einem Gewölbe, in dem die Steine einander am Fallen hindern.
Lucius Annaeus Seneca, römischer Dichter und Philosoph (um 4 v. Chr. – 65 n. Chr.)

Wo lebt sich's besser als im Schoße der Familie?
Jean-François Marmontel, französischer Schriftsteller (1723–1799)

Die Familie ist das Vaterland des Herzens.
Giuseppe Mazzini, ital. Freiheitskämpfer (1723–1799)

Alle glücklichen Familien sind einander ähnlich, jede unglückliche ist unglücklich auf ihre Art.
Leo Tolstoi, russischer Schriftsteller (1828–1910)

Die Bedeutung der Familie, die der Rahmen ist, innerhalb dessen alles getan und entschieden wird: Sie ist ein Kontext, aus dem man sich im Guten wie im Bösen nie befreit.
Mario Vargas Llosa, peruanischer Schriftsteller (geb. 1936)

Aber da ich kurz zuvor gesagt habe, unsere Vorfahren sollten uns zum Muster dienen, so gelte als erste Ausnahme, dass man nicht ihre Fehler nachmachen muss.
Marcus Tullius Cicero, römischer Staatsmann, Redner und Philosoph (106–43 v. Chr.)

Das Schicksaal des Staates hängt vom Zustand der Familie ab.
Alexandre Vinet, schweizerischer Theologe (1797–1847)

Männer

Im echten Manne ist ein Kind versteckt: das will spielen. Auf, ihr Frauen, entdeckt mir doch das Kind im Manne!
Friedrich Nietzsche, deutscher Philosoph (1844–1900)

Schweigen bei Männern ist nicht das gleiche wie Zuhören.
Gloria Steinem, amerikanische Autorin (geb. 1934)

Warum gibt es eigentlich nur männliche Superhelden? Weil es blöd aussieht, wenn die Damen mit der Handtasche durch die Luft fliegen.
Gabi Köster, deutscher TV-Comedy-Star (geb. 1961)

Für Männer bedeutet Treue, wiederzukommen, statt dazubleiben.
Drew Barrymore, amerikanische Schauspielerin (geb. 1975)

Die Männer von heute sind auch nicht mehr das, was sie noch nie gewesen sind.
Kylie Minogue, australische Pop-Sängerin (geb. 1968)

Das Kind im Manne spielt nicht nur, es hat auch oft die Hosen voll.
Regina Halmich, deutsche Box-Weltmeisterin (geb. 1976)

Bei einer Heirat gibt ein Mann Privilegien auf, von denen er zum Glück gar nicht wusste, dass er sie hatte.
Brooke Shields, amerikanische Schauspielerin (geb. 1965)

Ein Weib ist ein Komma, ein Mann ein Punkt. Hier weißt du, woran du bist; dort lies weiter.
Theodor Gottlieb von Hippel, deutscher Schriftsteller (1741–1796)

Frauen beschweren sich immer, dass Männer nicht mit ihnen reden. Ich denke, sie sollten dankbar sein.
Ursula Herking, deutsche Schauspielerin und Kabarettistin (1912–1974)

Ohne die Frauen würde der Mann roh, grob, einsam sein und die Anmut nicht kennen.
François René Vicomte de Chateaubriand, französischer Schriftsteller und Politiker (1768–1848)

Es hat keinen Sinn, mit Männern zu streiten. Sie haben ja doch immer Unrecht.
Zsa Zsa Gabor, amerikanische Schauspielerin (geb. 1917)

Der einzige Unterschied zwischen Kind und Mann ist der Preis fürs Spielzeug.
Faith Hill, amerikanische Country-Sängerin (geb. 1967)

Ob die Weiber so viel Vernunft haben wie die Männer, mag ich nicht entscheiden, aber sie haben ganz gewiss nicht so viel Unvernunft.
Johann Gottfried Seume, deutscher Schriftsteller (1763–1810)

Männer kommen zu ihren Meinungen wie Jungen lesen lernen – durch genaues Wiederholen.
Elizabeth Barrett Browning, englische Dichterin (1806–1861)

Selig der Mann, der nichts zu sagen hat und davon absieht, diese Tatsache durch Worte zu beweisen.
George Eliot, englische Schriftstellerin (1819–1880)

Was ist ein Mann? Ein Hosenträger!
Johann Nepomuk Nestroy, österreichischer Schriftsteller (1801–1862)

Ständig hört man Argumente wie: Die zwölf Apostel waren Männer, darum dürfen nur Männer Messdiener, Priester, Päpste und so weiter werden. Nun gut: Aber dann müssten alle Päpste und Priester Juden sein, und sie müssten verheiratet sein – wie es die zwölf Apostel waren.
Prof. Uta Ranke-Heinemann, deutsche katholische Theologin (geb. 1927)

Der Mann darf das Sinnliche in vernünftiger Form, die Frau das Vernünftige in sinnlicher Form begehren. Das Beiwesen des Mannes ist das Hauptwesen der Frau.
Novalis (eigentlich Friedrich von Hardenberg), deutscher Dichter und Schriftsteller (1772–1801)

Wie der Mann, so seine Rede.
Lucius Annaeus Seneca, römischer Dichter und Philosoph (um 4 v. Chr. – 65 n. Chr.)

Wenn einer ein Schicksal hat, dann ist es ein Mann. Wenn einer ein Schicksal bekommt, dann ist es eine Frau.
Elfriede Jelinek, österreichische Schriftstellerin (geb. 1946)

Dem Mann kann geholfen werden. (aus: *Die Räuber*)
Friedrich von Schiller, deutscher Dramatiker (1759–1805)

Wussten Sie schon …

Mit diesen Worten endet Schillers Drama »Die Räuber« von 1781. Der zum Verbrecher gewordene Rebell Karl Moor will sich stellen, da ihm klar geworden ist, »dass zwei Menschen wie ich den ganzen Bau der sittlichen Welt zugrund richten würden«. Er will einem armen Tagelöhner zu der hohen Belohnung verhelfen, die auf seinen Kopf ausgesetzt ist. Zitiert wird der Satz meist in neckender Absicht, wenn es darum geht, jemandem Unterstützung anzubieten oder sie in Aussicht zu stellen.

Männer sind zwar oft so jung, wie sie sich fühlen, doch niemals so bedeutend.
Simone de Beauvoir, französische Schriftstellerin und Philosophin (1908–1986)

Er war ein Mann, nehmt alles nur in allem; / Ich werde nimmer seines Gleichen sehn. (aus: *Hamlet*)
William Shakespeare, englischer Dramatiker (1564–1616)

Neue Männer braucht das Land.
Ina Deter, deutsche Rocksängerin (geb. 1947)

Die Männer, die am besten mit Frauen auskommen, sind dieselben, die glänzend ohne sie auskommen.
Donna Karan, amerikanische Modedesignerin (geb. 1948)

Männer brauchen keine Partnerschaft, was die brauchen ist Personal.
Sissy Perlinger, deutsche Entertainerin (geb. 1963)

Selbst ist der Mann! (aus: *Faust II*)
Johann Wolfgang von Goethe, deutscher Dramatiker und Dichter (1749–1832)

Es gibt zwei Männertypen: Die Clowns – die lacht man aus. Die Matrosen – die lacht man an. Die einen sind Blender mit geleastem Porsche und weißen Söckchen, die anderen haben Power im Kopf und im Herzen.
Iris Berben, deutsche Schauspielerin (geb. 1950)

Frauen haken irgendwann ihre Kindheit ab und werden groß und vernünftig. Männer sind da anders. Wir können es uns heute in der Pubertät gemütlich machen, solange wir wollen.
Nick Hornby, englischer Schriftsteller (geb. 1957)

Mann ist Mann.
Bertold Brecht, deutscher Dichter und Dramaturg (1898–1956)

Wussten Sie schon ...

Quelle für dieses Zitat ist der Titel eines 1927 uraufgeführten Bühnenstücks von Brecht. Es geht darin um Galy Gay, einen irischen Packer. Thematisiert wird dessen Identitätsverlust durch die radikale Anpassung an gesellschaftliche Erfordernisse. Man setzt dieses Schlagwort ein, wenn es gilt, aus weiblicher Sicht Pauschalurteile wie »Einer ist doch wie der andere« oder »Ein Mann kann nicht nein sagen« zu unterstreichen.

Ein Mann ohne Eitelkeit ist kein Mann.
John Wayne, amerikanischer Schauspieler (1907–1979)

Frauen

Der Umgang mit Frauen ist das Element guter Sitten.
Johann Wolfgang von Goethe, deutscher Dramatiker und Dichter (1749–1832)

Die Frau ist bestenfalls ein Widerspruch.
Alexander Pope, englischer Dichter und Schiftsteller (1688–1744)

Eine gescheite Frau hat Millionen geborener Feinde – alle dummen Männer.
Marie von Ebner-Eschenbach, österreichische Schriftstellerin (1830–1916)

Wir Frauen sind immer in der Gefahr, zu ausschließlich in unseren Gefühlen zu leben.
George Eliot, englische Schriftstellerin (1819–1880)

Ehret die Frauen! sie flechten und weben / Himmlische Rosen ins irdische Leben, / Flechten der Liebe beglückendes Band …
Friedrich von Schiller, deutscher Dramatiker (1759–1805)

Die ideale Frau gibt es ebenso wenig wie den idealen Mann, bloß ein bisschen öfter.
Vanessa Redgrave, englische Schauspielerin (geb. 1937)

Ich bin auf dem Bonus der Frauenbewegung vor mir gereist. Ich konnte schon mit dem schlechten Gewissen der Männer operieren.
Doris Dörrie, deutsche Regisseurin (geb. 1955)

Schwachheit, dein Name ist Weib!
William Shakespeare, englischer Dramatiker (1564–1616)

Wussten Sie schon …

Diese Worte spricht der Dänenprinz Hamlet in Shakespeares gleichnamiger Tragödie. Er kann nicht glauben, dass seine Mutter sich mit dem Mörder seines Vaters verheiratet hat. Im englischen Original heißt es im II. Akt, Szene 2: »Frailty, thy name is woman!« Das Zitat wird meist in ironischer Absicht gebraucht, z. B. wenn das Schleppen schwerer Mineralwasserkästen letztlich doch wieder am Herrn des Hauses »hängen bleibt«.

Lasst euch, wenn es um euch geht, auf keine faulen Kompromisse ein. Ihr seid alles, was ihr habt.
Janis Joplin, amerikanische Sängerin (1943–1970)

Frauen würden sich leichter damit abfinden, dass ihr Mann später nach Hause kommt, wenn sie sich wirklich darauf verlassen könnten, dass er nicht früher da ist.
(Sidonie-Gabrielle) Colette, französische Schriftstellerin (1873–1954)

Von Frauen spricht man nicht. Man beschäftigt sich mit ihnen.
Napoleon I., Kaiser der Franzosen (1769–1821)

Denn das Naturell der Frauen / Ist so nah mit Kunst verwandt. (aus: *Faust II*)
Johann Wolfgang von Goethe, deutscher Dramatiker und Dichter (1749–1832)

Eine der erogensten Zonen der Frau ist ihre Intelligenz.
Shirley Mac Laine, amerikanische Schauspielerin und Autorin (geb. 1934)

Man muss kämpfen! Nichts durchgehen lassen. Selbst nicht die banalsten Dinge, diesen alltäglichen Sexismus, an den wir so gewöhnt sind.
Simone de Beauvoir, französische Philosophin und Schriftstellerin (1908–1986)

Biographisches

Die Gefährtin des französischen Philosophen Jean-Paul Sartre war eine Ikone des Feminismus des 20. Jahrhunderts. 1949 erschien de Beauvoirs Mammutwerk »Le deuxième sexe« (»Das andere Geschlecht. Sitte und Sexus der Frau«), das Thesen zur Selbstverwirklichung der Frau aus sozialhistorischer Sicht begründet. Die Grundaussage lautet: »Man kommt nicht als Frau zur Welt, man wird dazu gemacht.« Die Studie löste heftigste Kontroversen aus. Der französiche Schriftsteller François Mauriac bezeichnete das Werk als »Brechmittel« und vom Vatikan wurde es auf den Index der verbotenen Bücher gesetzt.

Man erwarte nicht Wahrhaftigkeit von den Frauen, solange man sie in dem Glauben erzieht, ihr vornehmster Lebenszweck sei zu gefallen.
Marie von Ebner-Eschenbach, österreichische Schriftstellerin (1830–1916)

Die große Frage, die niemals beantwortet worden ist und die ich trotz dreißig Jahre langer Erforschung der Frauenseele auch nicht beantworten konnte, lautet: Was wünscht sich eine Frau?
Sigmund Freud, österreichischer Nervenarzt und Begründer der Psychoanalyse (1856–1939)

Sind Frauen tief? Dass man einem Wasser nicht auf den Grund sehen kann, beweist noch nicht, dass es tief ist.
Egon Friedell, österreichischer Schriftsteller (1878–1938)

Ich habe das Gefühl, die Frau besitzt noch unerforschte Seiten, die nur eine Frau erforschen kann.
Georgia O'Keeffe, amerikanische Malerin (1887–1986)

Die Frauen sind ein liebliches Geheimnis: Nur verhüllt, nicht verschlossen.
Novalis (eigentlich Friedrich von Hardenberg), deutscher Dichter und Schriftsteller (1772–1801)

Die Frau ist ein menschliches Wesen, das sich anzieht, schwatzt und sich wieder auszieht.
Voltaire (eigentlich François Marie Arouet), französischer Philosoph und Schriftsteller (1694–1778)

Besonders lernt die Weiber führen! / Es ist ihr ewig Weh und Ach, / so tausendfach, / aus einem Punkte zu kurieren. (aus: *Faust I*)
Johann Wolfgang von Goethe, deutscher Dramatiker und Dichter (1749–1832)

Darum sind die Frauen unglücklich, weil sie sein sollen, wie sie in Wirklichkeit nicht sind.
Hedwig Dohm, deutsche Philosophin und Schriftstellerin (1831–1919)

Gute Ratschläge

Man muss das Unmögliche versuchen, um das Mögliche zu erreichen.

Hermann Hesse, deutscher Dichter (1877–1962)

Wer nichts getragen, lernt nichts ertragen.

Jean Paul (eigentlich Johann Paul Friedrich Richter), deutscher Dichter (1763–1825)

Vor einem hüte deinen Geist / als wie vor Natterbisse: / Sei ganz, und ob du Teufel seist, / und lass die Kompromisse.

Christian Morgenstern, deutscher Schriftsteller (1871–1914)

Rate sich jeder selbst und tue, was er nicht lassen kann.

Johann Wolfgang von Goethe, deutscher Dramatiker und Dichter (1749–1832)

Mut des Urteils spart oft tiefere Einsicht.

Jean Paul (eigentlich Johann Paul Friedrich Richter), deutscher Dichter (1763–1825)

Lebe, wie du, wenn du stirbst, wünschen wirst, gelebt zu haben.

Christian Fürchtegott Gellert, deutscher Schriftsteller (1715–1769)

Beim Ratgeben sind wir alle weise, aber blind bei eigenen Fehlern.

Euripides, griechischer Tragödiendichter (um 480– ca. 406 v. Chr.)

Wenn du ein Schiff bauen willst, dann rufe nicht die Menschen zusammen, um Holz zu sammeln, Aufgaben zu verteilen und die Arbeit einzuteilen, sondern lehre sie die Sehnsucht nach dem großen, weiten Meer.

Antoine de Saint-Exupéry, französischer Schriftsteller und Flieger (1900–1944)

**Halte dir jeden Tag dreißig Minuten
für deine Sorgen frei,
und in dieser Zeit mache ein Nickerchen.**

Abraham Lincoln, 16. Präsident
der Vereinigten Staaten (1809–1865)

**Man kann nicht jeden Tag etwas Großes tun,
aber gewiss etwas Gutes.**

Friedrich Schleiermacher, deutscher Theologe
und Philosoph (1768–1834)

**Trost gibt es nicht im allgemeinen;
ein jeder suche sich den seinen.**

Ernst Freiherr von Feuchtersleben,
österreichischer Dichter (1806–1849)

**Wer einmal sich selbst gefunden hat,
der kann nichts auf der Welt mehr verlieren.**

Stefan Zweig, österreichischer Schriftsteller (1881–1942)

**Wer zur Quelle will,
muss gegen den Strom schwimmen.**

Stanislaw Jerzy Lec, polnischer Lyriker
und Schriftsteller (1909–1966)

Die Zeit bringt Rat. Erwartet's in Geduld.

Friedrich von Schiller, deutscher Dramatiker (1759–1805)

Hole dir nie Rat bei deinen Befürchtungen.

Andrew Jackson, 7. Präsident
der Vereinigten Staaten (1767–1845)

**Was auch immer geschieht: / Nie dürft ihr so
tief sinken, / von dem Kakao, durch den man
euch zieht, / auch noch zu trinken.**

Erich Kästner, deutscher Schriftsteller und Dichter (1899–1974)

Kinder und Kindheit

In der Kinderwelt steht die ganze Nachwelt vor uns, in die wir wie Moses ins gelobte Land nur schauen, nicht kommen.
Jean Paul (eigentlich Johann Paul Friedrich Richter), deutscher Dichter (1763–1825)

Es gibt so viele Dinge, von denen ich wünschen muss, sie als Kind gesehen, gehört, erlebt zu haben. Gewiss wäre ich dann etwas ganz anderes geworden.
Friedrich Hebbel, deutscher Dramatiker (1813–1863)

Es ist ein Zug der Kindheit, aus allem alles machen zu können.
Johann Wolfgang von Goethe, deutscher Dramatiker und Dichter (1749–1832)

Die Kinder kennen weder Vergangenheit noch Zukunft, und – was uns Erwachsenen kaum passieren kann – sie genießen die Gegenwart.
Jean de La Bruyère, französischer Essayist und Moralist (1645–1696)

Wer sich an seine Kindheit nicht mehr deutlich erinnert, ist ein schlechter Erzieher.
Marie von Ebner-Eschenbach, österreichische Schriftstellerin (1830–1916)

Ohne das Kind, das ihm hilft, sich ständig zu erneuern, würde der Mensch degenerieren.
Maria Montessori, italienische Ärztin und Pädagogin (1870–1952)

Wirklich ist jedes Kind gewissermaßen ein Genie, und jedes Genie gewissermaßen ein Kind.
Arthur Schopenhauer, deutscher Philosoph (1788–1860)

Kinderland, du Zauberland, / Haus und Hof und Hecken. / Hinter blauer Wälderwand / spielt die Welt Verstecken.
Detlev von Liliencron, deutscher Dichter (1844–1909)

O selig, o selig, ein Kind noch zu sein!
Albert Lortzing, deutscher Komponist (1801–1851)

Wussten Sie schon ...

Diese Zeilen bilden den Refrain der ersten beiden Strophen des so genannten »Zigeunerliedes« aus Lortzings Meisteroper »Zar und Zimmermann« von 1837. Zitiert beschwört der Kehrreim die Sehnsucht nach den glücklichen Tagen der Kindheit herauf.

Wohl dem, der frei von Schuld und Fehle / Bewahrt die kindlich reine Seele!
Friedrich von Schiller, deutscher Dramatiker (1759–1805)

Ich habe jahrelang meine ganze Energie an Männer und Nebensächlichkeiten verschwendet. Seit ich Kinder habe, habe ich keine Zeit mehr für Eifersuchtsdramen oder schlechte Filme.
Susan Sarandon, amerikanische Schauspielerin (geb. 1946)

Wie ich ein Kind war, konnte ich alles lieb haben.
Hugo von Hofmannsthal, österreichischer Schriftsteller (1874–1929)

Mit einer Kindheit voll Liebe kann man ein halbes Leben hindurch für die kalte Welt haushalten.
Jean Paul (eigentlich Johann Paul Friedrich Richter), deutscher Dichter (1763–1825)

Alles ist im Entstehen, alles ist Kindheit.
Ralph Waldo Emerson, amerikanischer Dichter und Philosoph (1803–1882)

Spielende Kinder sind lebendig gewordene Freuden.
Maria Montessori, italienische Ärztin und Pädagogin (1870–1952)

Aus der Art, wie das Kind spielt, kann man erahnen, wie es als Erwachsener seine Lebensaufgabe ergreifen wird.
Rudolf Steiner, österreichischer Begründer der Anthroposophie (1861–1925)

Darin liegt das Beglückende an Kindern, dass mit jedem von ihnen alle Dinge neu geschaffen werden, und dass das Weltall wieder auf die Probe gestellt wird.
Gilbert Keith Chesterton, englischer Schriftsteller (1874–1936)

Eltern und Erziehung

Wer will, dass sein Sohn Respekt vor ihm und seinen Anweisungen hat, muss selbst große Achtung vor seinem Sohne haben.
John Locke, englischer Philosoph (1632–1704)

Lernen wir von dem Mut und der Entschlossenheit unserer Mütter und Großmütter.
Madeleine Albright, ehemalige amerikanische Außenministerin (geb. 1937)

Man muss vergessen, dass Mühe für die Eltern Mühe ist.
Sophokles, griechischer Dramatiker (um 496–ca. 406 v. Chr.)

Eure Kinder sind nicht *eure* Kinder! Es sind die Söhne und Töchter von des Lebens Verlangen nach sich selber. Sie kommen durch euch, doch nicht von euch; und sind sie auch bei euch, so gehören sie euch doch nicht.
Khalil Gibran, libanesischer Dichter und Maler (1883–1931)

Die Liebe zu meinem Sohn ist die wichtigste und absoluteste Liebe, die ich kenne. Ich glaube nicht, dass ich je einen Mann so geliebt habe.
Katja Flint, deutsche Schauspielerin (geb. 1960)

So lange war ich Vater und musste erst kinderlos werden, um zu wissen, was ein Vater ist.
Johann Anton Leisewitz, deutscher Schriftsteller und Jurist (1752–1806)

Die Eltern sollen uns nie das Leben lehren wollen; denn sie lehren nur ihr Leben.
Rainer Maria Rilke, deutscher Dichter und Schriftsteller (1875–1926)

Vom Vater hab' ich die Statur, / des Lebens ernstes Führen, / Vom Mütterchen die Frohnatur / Und Lust zu fabulieren.
Johann Wolfgang von Goethe, deutscher Dramatiker und Dichter (1749–1832)

Wussten Sie schon ...

Dies sind die ersten vier Zeilen des vorletzten Gedichtes aus den »Zahmen Xenien«. Der Dichter nennt noch weitere, in seinen Augen »vererbte« Eigenschaften seiner selbst und stellt am Ende die Frage: »Was ist denn an dem ganzen Wicht / Original zu nennen?« Wenn Familienähnlichkeiten zur Sprache kommen, bietet sich dieses Zitat an.

Eltern verzeihen ihren Kindern die Fehler am schwersten, die sie selbst ihnen anerzogen haben.
Marie von Ebner-Eschenbach, österreichische Schriftstellerin (1830–1916)

Vater werden ist nicht schwer, / Vater sein dagegen sehr.
Wilhelm Busch, deutscher Dichter und Maler (1832–1908)

Die strengsten Richter eines Mannes sind seine Kinder.
Thornton Wilder, amerikanischer Schriftsteller (1897–1975)

Das Wichtigste, was man Kindern mitgeben sollte: Wurzeln und Flügel.
Johann Wolfgang von Goethe, deutscher Dramatiker und Dichter (1749–1832)

Das Mutterherz ist der schönste und unverlierbarste Platz des Sohnes, selbst wenn er schon graue Haare trägt. Und jeder im ganzen Weltall hat nur ein einziges solches Herz.
Adalbert Stifter, österreichischer Schriftsteller und Maler (1805–1868)

Kinder lieben anfangs ihre Eltern. Wenn sie älter werden, beurteilen sie sie. Bisweilen verzeihen sie ihnen.
Oscar Wilde, englischer Schriftsteller (1854–1900)

Biographisches

In Dublin geboren, wurde Oscar Wilde als Schriftsteller, Dandy und Philosoph zum erklärten »darling« der Londoner Gesellschaft. Doch 1895 wurde er wegen homosexueller Neigungen angezeigt und in einem Schauprozess wegen Sodomie zu zwei Jahren Zuchthaus verurteilt. Ein ergreifendes Zeugnis seiner Inhaftierung ist »The Ballad of Reading Gaol« (»Die Ballade vom Zuchthaus zu Reading«) aus dem Jahr 1898. Wilde starb am 30.11.1900 verarmt und einsam in einem schäbigen Pariser Hotelzimmer.

Der Kinder Ehre sind ihre Väter.
Sprüche Salomos, 17,6

Erziehung ist die organisierte Verteidigung der Erwachsenen gegen die Jugend.
Mark Twain, amerikanischer Schriftsteller (1835–1910)

Man darf ferner, wie ich behaupte, die Kinder nicht durch Schläge und Misshandlungen zu gutem Betragen anhalten, sondern durch Ermahnungen und vernünftiges Zureden.
Plutarch, griechischer Schriftsteller (um 46 – ca. 120 n. Chr.)

Wer seinen Vater ehret, der wird auch Freude an seinen Kindern haben.
Buch Jesus Sirach 3,6

Wenn man der unbestrittene Liebling der Mutter gewesen ist, so behält man fürs Leben jenes Eroberergefühl, jene Zuversicht des Erfolges, welche nicht selten wirklich den Erfolg nach sich zieht.
Sigmund Freud, österreichischer Nervenarzt und Begründer der Psychoanalyse (1856–1939)

Ein Blatt, das groß werden soll, ist voller Runzeln und Knittern, eh es sich entwickelt; wenn man nun nicht Geduld hat und es gleich so glatt haben will wie ein Weidenblatt, dann ists von Übel.
Johann Wolfgang von Goethe, deutscher Dramatiker und Dichter (1749–1832)

Das Wichtigste ist, Lust und Liebe zur Sache zu wecken, sonst erzieht man nur gelehrte Esel.
Michel de Montaigne, französischer Philosoph (1533–1592)

Erziehung ist Leben und setzt Leben voraus.
Adolf Kolping, Gründer der katholischen Gesellenvereine (1813–1865)

Es handelt sich nicht darum, Fremdes herbeizubringen, sondern zu sehen, was da ist. Wie wenigen schließt sich das auf.
Hugo von Hofmannsthal, österreichischer Schriftsteller (1874–1929)

Es ist einfacher, eine Nation zu regieren, als vier Kinder zu erziehen.
Sir Winston Churchill, englischer Staatsmann (1874–1965)

Was ein Kind tut, soll nicht als eine Handlung, sondern als ein Symptom aufgefasst werden.
Marie von Ebner-Eschenbach, österreichische Schriftstellerin (1830–1916)

Viel ist daran gelegen, dass man den Kindern freundliche Lehrer und Erzieher gibt. Alles richtet sich nach seiner Umgebung, was noch nicht erstarkt ist.
Lucius Annaeus Seneca, römischer Dichter und Philosoph (um 4 v. Chr. – 65 n. Chr.)

Was nicht im Menschen ist, kommt auch nicht von außen in ihn hinein.
Wilhelm Freiherr von Humboldt, preußischer Staatsmann und Gelehrter (1767–1835)

Die beste Erziehungsmethode für ein Kind ist, ihm eine gute Mutter zu verschaffen.
Christian Morgenstern, deutscher Schriftsteller (1871–1914)

Wehe dem, der ein Kind in Furcht erzieht, und wenn es die Furcht Gottes wäre!
Walther Rathenau, deutscher Staatsmann (1867–1922)

Die Seele des Kindes ist heilig, und was vor sie gebracht wird, muss wenigstens den Wert der Reinheit haben.
Johann Gottfried von Herder, deutscher Philosoph und Dichter (1774–1803)

Kinder sind Rätsel von Gott und schwerer als alle zu lösen, / aber der Liebe gelingt's, wenn sie sich selber bezwingt.
Friedrich Hebbel, deutscher Dramatiker (1813–1863)

Man erstickt den Verstand der Kinder unter einem Ballast unnützer Kenntnisse.
Voltaire (eigentlich François Marie Arouet), französischer Philosoph und Schriftsteller (1694–1778)

Denn wir können die Kinder nach unserem Sinne nicht formen; so wie Gott sie uns gab, so muss man sie haben und lieben.
Johann Wolfgang von Goethe, deutscher Dramatiker und Dichter (1749–1832)

Schaffet die vielen Tränen der Kinder ab! Langes Regnen ist den Blüten schädlich.
Jean Paul (eigentlich Johann Paul Friedrich Richter), deutscher Dichter (1763–1825)

Erst bei den Enkeln ist man dann soweit, dass man die Kinder ungefähr verstehen kann.
Erich Kästner, deutscher Schriftsteller und Dichter (1899–1974)

Biographisches

Wie kaum ein anderer deutscher Schriftsteller war Erich Kästner in der Lage, sich in Kinder und deren Probleme hineinzufühlen. Selten schaffte er für seine kleinen Helden eine einfach oder glücklich zu nennende Kindheit – sie kämpfen mit Armut und Krankheit oder um die Liebe abwesender oder getrennt lebender Eltern. Ausnahmslos jedoch zeigen seine Charaktere eine gehörige Portion Courage und Mutterwitz, um auch die verfahrensten Situationen wieder in den Griff zu bekommen. So auch in seinen bekanntesten Kinderbüchern »Pünktchen und Anton« (1931) und »Emil und die Detektive« (1929).

Erbittert eure Kinder nicht, auf dass sie nicht scheu werden.
Kolosser 3,21

Jugend und Alter

Jung sein ist schön, alt sein ist bequem.
Marie von Ebner-Eschenbach, österreichische Schriftstellerin (1830–1916)

Schnell fertig ist die Jugend mit dem Wort, / Das schwer sich handhabt, wie des Messers Schneide …
Friedrich von Schiller, deutscher Dramatiker (1759–1805)

Wussten Sie schon …

Dieses Zitat stammt aus »Wallensteins Tod« (II,2). Max Piccolomini bittet Wallenstein, nicht zum Verräter am Kaiser zu werden, worauf er diese Antwort erhält. Gelegentlich wird der erste Vers zitiert, um junge Gesprächspartner, die wenig durchdachte Äußerungen von sich geben, in ihre Schranken zu weisen.

Ich finde das Alter nicht arm an Freuden; Farben und Quellen sind nur anders.
Alexander Freiherr von Humboldt, deutscher Naturforscher (1769–1859)

Greise glauben alles. Männer bezweifeln alles. Junge wissen alles.
Oscar Wilde, englischer Schriftsteller (1854–1900)

Wenn die Jugend ein Fehler ist, so legt man ihn sehr bald ab.
Johann Wolfgang von Goethe, deutscher Dramatiker und Dichter (1749–1832)

Wie schade, dass so wenig Raum ist zwischen der Zeit, wo man zu jung, und der, wo man zu alt ist!
Charles Baron de Montesquieu, französischer Schriftsteller (1689–1755)

Jugend ist eine beständige Trunkenheit; sie ist das Fieber der Vernunft.
François La Rochefoucauld, französischer Schriftsteller (1613–1680)

Die heutige Jugend ist grässlich. Sie hat nicht den geringsten Respekt vor gefärbten Haaren.
Oscar Wilde, englischer Schriftsteller (1854–1900)

In dem Wiedersehn mit Kindheitsdingen / lernen wir uns wieder sehn: / zwar wir wussten, dass die Jahre gingen, / doch nun fühlen wir auch, wie wir gehn.
Rainer Maria Rilke, deutscher Dichter und Schriftsteller (1875–1926)

Die Seele altert nicht wie der Körper.
Ralph Waldo Emerson, amerikanischer Dichter und Philosoph (1803–1882)

Des Lebens Mai blüht einmal und nicht wieder.
Friedrich von Schiller, deutscher Dramatiker (1759–1805)

Kluge Menschen verstehen es, den Abschied von der Jugend auf mehrere Jahrzehnte zu verteilen.
Francoise Rosay, französische Schauspielerin (1894–1973)

Man braucht sehr lange, um jung zu werden.
Pablo Picasso, spanischer Maler (1881–1973)

Jungen Leuten ist Freude und Ergötzen so vonnöten wie Essen und Trinken.
Martin Luther, deutscher Theologe (1483–1546)

Vielleicht heißt das Alter: immer gedankenreicher werden. Jetzt glänzt der Glimmer wie nie. Astern. Dunkles Laub glüht.
Hugo von Hofmannsthal, österr. Schriftsteller (1874–1929)

Der Idealismus der Jugend ermöglicht die Weisheit des Alters.
Hans Arndt, deutscher Schriftsteller (geb. 1911)

Ja, so geht man dahin. Und die Zeit geht auch dahin – bis man nicht mehr entfernt eine Schattenlinie bemerkt, eine Mahnung, dass man auch das Reich der sorglosen Jugend hinter sich lassen kann.
Joseph Conrad, polnisch-englischer Erzähler (1857–1924)

Nutzen Sie Ihre Jugend, solange sie da ist. Vergeuden Sie nicht das Gold Ihrer Tage, hören Sie nicht auf die Langweiligen, versuchen Sie nicht, hoffnungslosen Zerfall aufzuhalten. (aus: *Das Bildnis des Dorian Gray*)
Oscar Wilde, englischer Schriftsteller (1854–1900)

Der Jugend wird oft der Vorwurf gemacht, sie glaube, dass die Welt mit ihr erst anfange. Aber das Alter glaubt noch öfter, dass mit ihm die Welt aufhöre.
Friedrich Hebbel, deutscher Dramatiker (1813–1863)

Das größte Übel der heutigen Jugend besteht darin, dass man nicht mehr dazugehört.
Salvador Dalí, spanischer Maler (1904–1989)

Ein Mann, der nicht recht weiß, ob er zu altern beginnt, braucht bei der Begegnung mit einer jungen Frau nur ihre Augen und den Ton ihrer Stimme zu befragen, um sofort Bescheid zu wissen.
Jean de La Bruyère, französischer Essayist und Moralist (1645–1696)

Nichts macht schneller alt als der immer vorschwebende Gedanke, dass man älter wird.
Georg Christoph Lichtenberg, deutscher Schriftsteller und Physiker (1742–1799)

Hochzeit und Ehe

Eine von den Hauptkonvenienzen der Ehe ist die, einen Besuch, den man nicht ausstehen kann, zu seiner Frau zu weisen.
Georg Christoph Lichtenberg, deutscher Schriftsteller und Physiker (1742–1799)

Es ist das Geheimnis einer guten Ehe, dass in einer Serienaufführung immer wieder Premierenstimmung gegeben wird.
Max Ophüls, deutscher Filmautor und Regisseur (1902–1957)

Glücklich leben die Zikaden, denn sie haben stumme Weiber.
Xenarchos, griechischer Komödiendichter (4. Jh. v. Chr.)

Den idealen Gatten gibt es nicht. Der ideale Gatte bleibt ledig.
Oscar Wilde, englischer Schriftsteller (1854–1900)

Hinter einer langen Ehe steht immer eine sehr kluge Frau.
Ephraim Kishon, israelischer Schriftsteller (geb. 1924)

Jeder, der heiratet, ist wie der Doge, der sich mit dem adriatischen Meer vermählt. Er weiß nicht, was drin ist, was er heiratet: Schätze, Perlen, Ungetüme, unbekannte Stürme.
Heinrich Heine, deutscher Dichter (1797–1856)

Die Liebe, welch' lieblicher Dunst! / Doch in der Ehe, da steckt die Kunst!
Theodor Storm, deutscher Dichter (1817–1888)

Falsche Liebe fürchtet die Ehe, echte sucht sie.
Peter Rosegger, österreichischer Erzähler (1843–1918)

Die Ehe ist eine unmögliche Institution. Sie ist unmöglich für eine Frau, die arbeitet und die denkt und die selber etwas will.
Ingeborg Bachmann, österreichische Dichterin (1926–1973)

Die Ehe ist und bleibt die wichtigste Entdeckungsreise, die der Mensch unternehmen kann.
Søren Kierkegaard, dänischer Philosoph (1813–1855)

Die gute Ehe ist ein ew'ger Brautstand.
Theodor Körner, deutscher Dramatiker (1791–1813)

Raum ist in der kleinsten Hütte/für ein glücklich liebend Paar.
Friedrich von Schiller, deutscher Dramatiker (1759–1805)

Wussten Sie schon …

Der Gebrauch dieser sprichwörtlich gewordenen Wendung, die aus der 4. Strophe von Schillers Gedicht »Der Jüngling am Bache« (1803) stammt, beschränkt sich auf den ersten Vers. So wird belustigt auf recht beengte Platzverhältnisse verwiesen. Ihr ursprünglicher Bezug auf eine glückliche Ehe ist weitgehend aus dem öffentlichen Gedächtnis verschwunden.

Viele, von denen man glaubt, sie seien gestorben, sind bloß verheiratet.
Françoise Sagan, französische Schriftstellerin (1915–2004)

Die zweite Ehe ist der Triumph der Hoffnung über die Erfahrung.
Samuel Johnson, englischer Schriftsteller (1709–1784)

Die hauptsächlichste Gefahr der Ehe liegt darin, dass man selbstlos wird. Selbstlose Leute sind farblos.
Oscar Wilde, englischer Schriftsteller (1854–1900)

Elf Ehstandsjahr' erschöpfen das Gespräch. (aus: *Amphitryon*)
Heinrich von Kleist, deutscher Dichter (1777–1811)

Die Heirat ist die einzige lebenslängliche Verurteilung, bei der man auf Grund schlechter Führung begnadigt werden kann.
Alfred Hitchcock, englischer Filmregisseur und -produzent (1899–1980)

Ich bin verheiratet mit der Wahrheit.
Hypatia, griechische Mathematikerin und Philosophin (ca. 370–415)

Biographisches

Mit dieser Antwort soll die berühmte Philosophin und Theoretikerin auf alle Heiratsanträge geantwortet haben. Ihre Lehrtätigkeit umfasste das gesamte Gebiet der Philosophie im Verständnis der Antike, also auch Mechanik, Mathematik und Astronomie. 415 wurde Hypatia von Alexandrien, wie sie genannt wurde, von christlichem Pöbel ermordet.

Die Ehe ist eine widersinnige Einrichtung. Als fünfzehnjähriges Kind wird man verkauft und tut einen Schwur, den man nicht versteht und nie lösen kann.
Elisabeth, Kaiserin von Österreich (»Sisi«) (1837–1889)

Wer's aber mit sich selber gut meint, der nehme / ja eine Gattin, die gefällig ist / und sanften Herzens – oder lieber keine! (aus: *Iphigenie in Aulis*)
Friedrich von Schiller, deutscher Dramatiker (1759–1805)

Eine Ehe muss für die Frau wie für den Mann Luxus, nicht Notwendigkeit sein. Ein Ereignis in ihrem Leben, nicht ihr ganzes Leben.
Susan B. Anthony, Pionierin der amerikanischen Frauenbewegung (1820–1906)

Was man eine glückliche Ehe nennt, verhält sich zur Liebe, wie ein korrektes Gedicht zu improvisiertem Gesang.
Friedrich von Schlegel, deutscher Dichter und Philosoph (1772–1829)

...ich merke wohl, im Ehestand muss man sich manchmal streiten, denn dadurch erfährt man was voneinander.
Johann Wolfgang von Goethe, deutscher Dramatiker und Dichter (1749–1832)

Der beste Freund wird wahrscheinlich die beste Gattin bekommen, weil die gute Ehe auf dem Talent zur Freundschaft beruht.
Friedrich Nietzsche, deutscher Philosoph (1844–1900)

Die Ehe soll unablässig ein Ungeheuer bekämpfen, das alles verschlingen will, was an ihr erhaben ist: Die Gewohnheit.
Honoré de Balzac, französischer Schriftsteller (1799–1850)

Drum prüfe, wer sich ewig bindet, ob sich das Herz zum Herzen findet!
Friedrich von Schiller, deutscher Dramatiker (1759–1805)

Wussten Sie schon ...

Dieses Zitat stammt aus Schillers »Lied von der Glocke«, das 1799 veröffentlicht wurde. Es soll geneigte Zuhörer ermahnen, bei der Wahl des Ehepartners nichts zu überstürzen. Viele Verse dieses Gedichtes werden meist in scherzhaft abgewandelter Form gebraucht, so z. B. in dieser: »Drum prüfe, wer sich ewig bindet, / ob sich nicht doch was Bess'res findet.«

Man hoffe nie, mit einer Frau sich zu vertragen, mit der man sich als Braut gezankt hat.
Jean Paul (eigentlich Johann Paul Friedrich Richter), deutscher Dichter (1763–1825)

Die ist es, oder keine sonst auf Erden!
Friedrich von Schiller, deutscher Dramatiker (1759–1805)

Eine Ehe funktioniert am besten, wenn beide Partner ein bisschen unverheiratet bleiben.
Claudia Cardinale, italienische Schauspielerin (geb. 1938)

Taufe und Konfirmation

Deine Augen sahen, wie ich entstand, / in deinem Buch war alles schon verzeichnet.
Psalm 139,16

Kleine Kinder sind immer noch das Symbol einer ewigen Vereinigung von Liebe und Pflicht.
George Eliot, englische Schriftstellerin (1819–1880)

Jedes Baby, das das Licht der Welt erblickt, ist schöner als das vorhergehende.
Charles Dickens, englischer Schriftsteller (1812–1870)

Alle Dinge sind möglich dem, der da glaubt.
Markus 9,24

Aber du mein guter Mann / siehst dir die Gesellschaft an … / Na, und dann – was machste? / Lachste. (aus: *An das Baby*)
Kurt Tucholsky, deutscher Schriftsteller (1890–1935)

Das Herz einer Mutter ist das Schulzimmer ihres Kindes.
Henry Ward Beecher, amerikanischer Prediger und Schriftsteller (1813–1887)

Lasset die Kindlein und wehret ihnen nicht, zu mir zu kommen; denn solcher ist das Himmelreich.
Mt 19,14

Als Du geboren wurdest, war ein regnerischer Tag. Aber es war nicht wirklich Regen, sondern der Himmel weinte, weil er einen Stern verloren hatte.
Antoine de Saint-Exupéry, französischer Schriftsteller (1900–1944)

Glücklicher Säugling! Dir ist ein unendlicher Raum noch die Wiege. Werde Mann, und dir wird eng die unendliche Welt.
Friedrich von Schiller, deutscher Dramatiker (1759–1805)

Wo Kinder sind, da ist ein goldenes Zeitalter.
Novalis (eigentlich Friedrich von Hardenberg), deutscher Dichter und Schriftsteller (1772–1801)

Freude soll dir die Seele durchschaudern. / Freude soll weiterschwingen. / Freude soll dauern / Ein Leben lang.
Joachim Ringelnatz, deutscher Dichter (1883–1934)

Feste im Jahreslauf

Wird's besser? / Wird's schlimmer? / Fragt man alljährlich. / Seien wir ehrlich: / Leben ist immer lebensgefährlich!
Erich Kästner, deutscher Schriftsteller und Dichter (1899–1974)

Das Leben eines Mannes teilt sich in drei Phasen: 1. Er glaubt an den Weihnachtsmann. 2. Er glaubt nicht an den Weihnachtsmann. 3. Er ist der Weihnachtsmann.
Gabi Köster, deutscher TV-Comedy-Star (geb. 1961)

O wär' im Februar doch auch / wie's andrer Orten ist der Brauch, / bei uns die Narrheit zünftig! / Denn wer, solang das Jahr sich misst, / nicht einmal herzlich närrisch ist, / wie wäre der zu andrer Frist / wohl jemals ganz vernünftig!
Theodor Storm, deutscher Dichter (1817–1888)

Pfingsten, das liebliche Fest war gekommen; …
Johann Wolfgang von Goethe, deutscher Dramatiker und Dichter (1749–1832)

Wussten Sie schon …

Weiter geht Goethes Versepos »Reineke Fuchs« von 1793: » …es grünten und blühten Feld und Wald; / auf Hügeln und Höhn, in Büschen und Hecken / übten ein fröhliches Lied die neu ermunterten Vögel; / jede Wiese sprosste vor Blumen in duftenden Gründen, / festlich heiter glänzte der Himmel und farbig die Erde.«

Es treibt der Wind im Winterwalde / die Flockenherde wie ein Hirt, / und manche Tanne ahnt, wie balde / sie fromm und lichterheilig wird. (aus: *Advent*)
Rainer Maria Rilke, deutscher Dichter und Schriftsteller (1875–1926)

Karneval ist vulgär, mit aller Größe und allem Schrecken des Vulgären, aber nie frivol.
Heinrich Böll, deutscher Schriftsteller (1917–1985)

Und wieder stapft der Nikolaus / durch jeden Kindertraum. / Und wieder blüht in jedem Haus / der goldengrüne Baum.
Erich Kästner, dt. Schriftsteller und Dichter (1899–1974)

Wussten Sie schon …

Diese Zeilen bilden die vierte Strophe von Kästners Gedicht »Der Dezember« aus dem Gedichtzyklus »Die 13 Monate«. Der Tenor des Zyklus vermittelt die zunehmende Resignation Kästners nach 1945. Die nachfolgenden Verse konfrontieren den nostalgisch eingestimmten Leser mit der unausbleiblichen, weihnachtlichen Desillusionierung: »Warst auch ein Kind. Hast selbst gefühlt, / wie hold Christbäume blühn. / Hast nun den Weihnachtsmann gespielt / Und glaubst nicht mehr an ihn.«

Große Gefühle

Manchmal ist es tröstlich zu erfahren, dass die Angst vor Rivalinnen selbst eine Madame Du Barry nicht kalt ließ. Egal, ob es sich um Liebe oder Heiterkeit, Kummer oder Sinneslust handelt: Das folgende Kapitel zeigt, dass wir alle von den gleichen vitalen Kräften getrieben und bewegt werden. In der Freude können wir verwandte Seelen finden, und im Unglück fühlen wir uns nicht so allein.

Angst und Mut

Man muss niemand fürchten als sich selbst.
Ludwig Börne, deutscher Schriftsteller und Theaterkritiker (1786–1837)

Man erschrickt nur vor Drohungen; mit vollendeten Tatsachen findet sich der Mensch schnell ab.
Oswald Spengler, deutscher Geschichtsphilosoph (1880–1936)

Die Angst ist der Fluch des Menschen.
Fjodor Michailowitsch Dostojewskij, russischer Dichter (1821–1881)

Auf in den Kampf, Torero!
Georges Bizet, französischer Komponist (1838–1875)

Wussten Sie schon ...

Diese Worte stammen aus Bizets Oper »Carmen« und bilden die ersten Takte der Arie des Stierkämpfers Escamillo aus dem 2. Akt. »Toréador, en garde ...« Das Zitat wird gerne verwendet, wenn jemandem Mut gemacht werden soll. Verballhornungen existieren zahlreich; die bekannteste davon dürfte diese sein: »Auf in den Kampf, Schwiegermutter naht, / Siegesgewiss / Klappert ihr Gebiss.«

Behalte deine Ängste für dich, aber teile deinen Mut mit anderen.
Robert Louis Stevenson, englischer Erzähler (1850–1894)

Ich habe den Tod sehr nahe gesehen, und seit der Zeit sind mir eine Menge von Dingen, die die Welt fürchtet, eine Kleinigkeit.
Georg Christoph Lichtenberg, deutscher Schriftsteller und Physiker (1742–1799)

Herzhaftigkeit ist bloß eine Temperamentseigenschaft. Der Mut dagegen beruht auf Grundsätzen und ist eine Tugend.
Immanuel Kant, deutscher Philosoph (1724–1804)

Selbst zum Genuss des Glücks bedarf man Mut.
Carl Spitteler, schweizerischer Dichter (1845–1924)

Angst kann man immer in sich finden. Man muss nur tief genug suchen.
André Malraux (eigentlich Berger), französischer Schriftsteller und Politiker (1901–1976)

Fürchtet doch nicht so den Tod und mehr das unzulängliche Leben!
Bertold Brecht, deutscher Dichter und Dramaturg (1898–1956)

Der Mutige erschrickt nach der Gefahr, der Furchtsame vor ihr, der Feigste in ihr.
Jean Paul (eigentlich Johann Paul Friedrich Richter), deutscher Dichter (1763–1825)

Nur durch Mut kann man sein Leben in Ordnung bringen.
Luc de Clapiers Vauvenargues, französischer Moralist (1715–1747)

Wir brauchen mehr Mumm, weniger Regularien, mehr Gestaltung, weniger Palaver.
Henning Voscherau, deutscher Politiker (geb. 1941)

Ein jeder Mann von Mut ist auch ein Mann von Wort.
Pierre Corneille, französischer Dramatiker (1606–1684)

Wer nichts fürchtet, ist nicht weniger mächtig als der, der alles fürchtet.
Friedrich von Schiller, deutscher Dramatiker (1759–1805)

Dankbarkeit und Freude

Es gibt viele Freuden in unseres Herrgotts Welt, nur muss man sich auf das Suchen verstehen.
Søren Kierkegaard, dänischer Theologe und Philosoph (1813–1855)

Lernen wir besser uns freuen, so verlernen wir am besten, anderen wehe zu tun.
Friedrich Nietzsche, deutscher Philosoph (1844–1900)

Die Freude verallgemeinert, der Schmerz individualisiert den Menschen.
Friedrich Hebbel, deutscher Dramatiker (1813–1863)

Einem geschenkten Gaul sieht man nicht ins Maul.

Wussten Sie schon ...

Der Satz geht über den Kirchenvater Hieronymus (um 347–420) in seinem Kommentar zum Epheserbrief auf ein römisches Sprichwort zurück. »Noli equi dentes inspicere donati« bedeutet: Prüfe nicht die Zähne eines geschenkten Pferdes. Über den Allgemeinzustand eines Pferdes sagt der Zustand seines Gebisses etwas aus, und aus diesem bestimmt sich sein Wert.

Späte Freuden sind die schönsten; sie stehen zwischen entschwundener Sehnsucht und kommendem Frieden.
Marie von Ebner-Eschenbach, österreichische Schriftstellerin (1830–1916)

Ich weiß wohl, dass man dem das Mögliche nicht dankt, von dem man das Unmögliche gefordert hat.
Johann Wolfgang von Goethe, deutscher Dramatiker und Dichter (1749–1832)

Die schönste Freude erlebt man immer da, wo man sie am wenigsten erwartet.
Antoine de Saint-Exupéry, französischer Schriftsteller und Flieger (1900–1944)

Hast du eine große Freude an etwas gehabt, so nimm Abschied! Nie kommt es zum zweiten Male.
Friedrich Nietzsche, deutscher Philosoph (1844–1900)

Man muss über die Freuden des Lebens nicht viel reflektieren. Man genießt sie besser, ohne sie zu zählen oder zu zergliedern.
Jean Paul (eigentlich Johann Paul Friedrich Richter), deutscher Dichter (1763–1825)

Wenn alle untreu werden / so bleib ich Dir doch treu, / dass Dankbarkeit auf Erden / Nicht ausgestorben sei.
Novalis (eigentlich Friedrich von Hardenberg), deutscher Dichter und Schriftsteller (1772–1801)

Wussten Sie schon ...

Mit dieser Strophe beginnt das sechste der 15 »Geistlichen Lieder« (1799) von Novalis. Er wendet sich darin an Christus, dem er für die Schmerzen und Leiden dankt, die jener zum Heil der Menschheit auf sich genommen hat. Im ursprünglichen, religiösen Zusammenhang werden die Verse selten zitiert. Die Zeilen werden meist verwendet, um einem geliebten Menschen die eigene (körperliche) Treue zu versichern.

Jemandem große Verbindlichkeiten schuldig zu sein, hat nichts Unangenehmes; denn die Dankbarkeit ist eine süße Pflicht. Nur kleine Verpflichtungen sind quälend.
Franz Grillparzer, österreichischer Dichter (1791–1872)

Die größte Kraft des Lebens ist Dankbarkeit.
Herrmann Bezzel, deutscher Schriftsteller (1861–1917)

So wilde Freude nimmt ein wildes Ende! (aus: *Romeo und Julia*)
William Shakespeare, englischer Dramatiker (1564–1616)

Die Freude flieht auf allen Wegen; / Der Ärger kommt uns gern entgegen.
Wilhelm Busch, deutscher Dichter und Maler (1832–1908)

Der Lohn einer guten Handlung liegt darin, dass man sie vollbracht hat.
Lucius Annaeus Seneca, römischer Dichter und Philosoph (um 4 v. Chr. – 65 n. Chr.)

Verschiebe die Dankbarkeit nie.
Albert Schweitzer, elsässischer Philosoph und Theologe (1875–1965)

Freude, schöner Götterfunken, / Tochter aus Elysium, / Wir betreten feuertrunken / Himmlische, dein Heiligtum.
Friedrich von Schiller, deutscher Dramatiker (1759–1805)

Glaube mir, wahre Freude ist eine ernste Sache.
Lucius Annaeus Seneca, römischer Dichter und Philosoph (um 4 v. Chr. – 65 n. Chr.)

Der Narr klagt: Mir ist niemand treu, niemand dankt mir für meine Wohltat.
Buch Jesus Sirach 20,17

Liebe und Freude, die im eigentlichen Sinne auch in Gott sich finden, sind der Urgrund aller Willenszuwendungen, die Liebe in der Weise des Bewegens, Freude aber in der Weise des Zieles.
Thomas von Aquin, ital. Kirchenlehrer (um 1225–1274)

Fahr hin! Ich hab auf Dank ja nie gerechnet. (aus: *Wallensteins Tod*)
Friedrich von Schiller, deutscher Dramatiker (1759–1805)

Rund um den Geburtstag

Kummer sei lahm! / Sorge sei blind! / Es lebe das Geburtstagskind!

Theodor Fontane, deutscher Dichter (1819–1898)

Unser ganzes Leben ist ein nie wiederkehrender Geburtstag, den wir darum heiliger und freudiger begehen sollen.

Jean Paul (eigentlich Johann Paul Friedrich Richter), deutscher Dichter (1763–1825)

Wir danken den Menschen für Geburtstagsgeschenke. Kann man niemals danken für das Geburtstagsgeschenk der Geburt?

Gilbert K(eith) Chesterton, englischer Schriftsteller (1874–1936)

Alter ist irrelevant, es sei denn, du bist eine Flasche Wein.

Joan Collins, britische Schauspielerin (geb. 1933)

Vierzig Jahre sind das Alter der Jugend, fünfzig die Jugend des Alters.

Victor Hugo, französischer Dichter (1802–1885)

Lerne alt zu werden mit einem jungen Herzen. Das ist die Kunst.

Johann Wolfgang von Goethe, deutscher Dramatiker und Dichter (1749–1832)

Ich hatte schon immer den Verdacht, dass das Ausblasen der Kerzen auf der Geburtstagstorte ein getarnter Gesundheitstest für die Versicherung ist.

Katharine Hepburn, amerikanische Schauspielerin (1907–2003)

Es geht mit Geschichten wie mit vielen Menschen, sie werden mit zunehmendem Alter schöner…

Hans Christian Andersen, dänischer Märchendichter (1805–1875)

Welche Freude, wenn es heißt: / »Alter, du bist alt an Jahren, / aber blühend ist dein Geist«.

Gotthold Ephraim Lessing, deutscher Dramatiker und Dichter (1729–1781)

Jeder, der sich die Fähigkeit erhält, Schönes zu erkennen, wird nie alt werden.

Franz Kafka, österreichischer Schriftsteller (1883–1924)

Die Kindheit ist jene herrliche Zeit, in der man seinem Bruder zum Geburtstag die Masern geschenkt hat.

Sir Peter Ustinov, britischer Schauspieler und Schriftsteller (1921–2004)

Gesundheit und ein heit'rer Sinn / führen leicht durchs Leben hin.

Theodor Fontane, deutscher Dichter (1819–1898)

Die Zeit geht sanft nur mit denen um, die mit der Zeit sanft umgehen.

Anatole France, französischer Dichter (1844–1924)

Fang jetzt an zu leben, und zähle jeden Tag als ein Leben für dich.

Lucius Annaeus Seneca, römischer Dichter und Philosoph (um 4 v. Chr. – 65 n. Chr.)

Glück und Heiterkeit

Glück gleicht durch Höhe aus, was ihm an Länge fehlt.
Robert Frost, amerikanischer Dichter (1875–1963)

Unverhofft wird dereinst die glückliche Stunde dir kommen.
Horaz (Quintus Horatius Flaccus), römischer Dichter (65–8 v. Chr.)

Alles, was die Seele durcheinander rüttelt, ist Glück.
Arthur Schnitzler, österreichischer Schriftsteller (1862–1931)

Im Grunde gibt es nämlich nur Heiterkeit, wo es Sieg gibt.
Friedrich Nietzsche, deutscher Philosoph (1844–1900)

Keine Pflicht wird so sehr vernachlässigt wie die Pflicht, glücklich zu sein.
Robert Louis Stevenson, englischer Erzähler (1850–1894)

Es ist das Glück ein flüchtig Ding, / Und war's zu allen Tagen …
Emanuel Geibel, deutscher Dichter (1815–1884)

Glücklich leben und naturgemäß leben ist eins.
Lucius Annaeus Seneca, römischer Dichter und Philosoph (um 4 v. Chr. – 65 n. Chr.)

Leben erhalten ist das einzige Glück.
Albert Schweitzer, elsässischer Philosoph und Theologe (1875–1965)

Formel meines Glücks: Ein Ja, ein Nein, eine gerade Linie, ein Ziel.
Friedrich Nietzsche, deutscher Philosoph (1844–1900)

Und doch, welch Glück, geliebt zu werden! / Und lieben, Götter, welch ein Glück!
Johann Wolfgang von Goethe, deutscher Dramatiker und Dichter (1749–1832)

Glücklich ist, wer vergisst, / Was doch nicht zu ändern ist!

Wussten Sie schon ...

So lautet der Kehrreim von Alfreds Trinklied (I,4) aus der Operette »Die Fledermaus« (1874) von Johann Strauß (1825–1899). Als Zitat kommt er zum Einsatz, wenn man jemandem bedeuten möchte, dass es sich nicht lohnt, gegen Unabänderliches anzukämpfen.

Der Heiterkeit sollen wir, wann immer sie sich einstellt, Tür und Tor öffnen; denn sie kommt nie zur unrechten Zeit.
Arthur Schopenhauer, deutscher Philosoph (1788–1860)

Man ist nie so glücklich, noch so unglücklich, wie man es sich einbildet.
François La Rochefoucauld, frz. Schriftsteller (1613–1680)

Willst du immer weiter schweifen? / Sieh, das Gute liegt so nah. / Lerne nur, das Glück ergreifen, / Denn das Glück ist immer da.
Johann Wolfgang von Goethe, deutscher Dramatiker und Dichter (1749–1832)

Wir müssen die Dinge lustiger nehmen, als sie es verdienen; zumal wir sie lange Zeit ernster genommen haben, als sie es verdienen.
Friedrich Nietzsche, deutscher Philosoph (1844–1900)

Die erste Sorge des Menschen sei: nicht wie er glücklich, sondern der Glückseligkeit würdig werde.
Immanuel Kant, deutscher Philosoph (1724–1804)

Wer sich heiter zu erhalten sucht, der sorgt nicht bloß für sein Glück, sondern er übt wirklich eine Tugend.
Wilhelm Freiherr von Humboldt, preußischer Staatsmann und Gelehrter (1767–1835)

Glück, was ist Glück! Eine Grießsuppe, eine Schlafstelle und keine körperlichen Schmerzen – das ist schon viel.
Theodor Fontane, deutscher Dichter (1819–1898)

Gegner und Feinde

Man sollte den Gegner nicht schlechter machen, als er ohnehin ist.
Mark Twain, amerikanischer Schriftsteller (1835–1910)

Ans Herz drück' ich den Feind, doch um ihn zu ersticken.
Jean-Baptiste Racine, französischer Bühnendichter (1639–1699)

Auch Kränkungen wollen gelernt sein. Je freundlicher, desto tiefer triffts.
Martin Walser, deutscher Schriftsteller (geb. 1927)

Oft ist der Mensch selbst sein größter Feind.
Marcus Tullius Cicero, römischer Staatsmann, Redner und Philosoph (106–43 v. Chr.)

Die Freundschaft, die der Wein gemacht, / wirkt wie der Wein, nur eine Nacht.
Friedrich Freiherr von Logau, schlesischer Barockdichter (1604–1655)

Ein Mann kann bei der Auswahl seiner Feinde nicht vorsichtig genug sein.
Oscar Wilde, englischer Schriftsteller (1854–1900)

Sei reizend zu deinen Feinden. Nichts ärgert sie mehr.
Carl Orff, deutscher Komponist (1895–1982)

Nicht größern Vorteil wüsst' ich zu nennen, / als des Feindes Verdienst erkennen.
Johann Wolfgang von Goethe, deutscher Dramatiker und Dichter (1749–1832)

Lieber eine Feindschaft aus ganzem Holz als eine geleimte Freundschaft.
Friedrich Nietzsche, deutscher Philosoph (1844–1900)

Wenn sie sich als Frauen erkennen, müssen sie nicht länger Feindinnen bleiben, sondern könnten auch Freundinnen werden.
Alice Schwarzer, deutsche Journalistin und Autorin, Herausgeberin von »Emma« (geb. 1942)

Ehe man anfängt, seine Feinde zu lieben, sollte man seine Freunde besser behandeln.
Mark Twain, amerikanischer Schriftsteller (1835–1910)

Biographisches

Bevor der Schöpfer der Abenteuer von Tom Sawyer und Huckleberry Finn unter dem Pseudonym Mark Twain (eigentlich Samuel Langhorne Clemens) der populärste Schriftsteller Amerikas wurde, erlernte er den Beruf eines Dampferlotsen auf dem Mississippi. Der amerikanische Bürgerkrieg setzte dieser Karriere im Jahr 1861 ein Ende. Sein Künstlername ist der Lotsensprache der »river people« entlehnt und bedeutet: »Markiere zwei Faden Wassertiefe.«

Unsere Feinde kommen in ihren Urteilen über uns der Wahrheit näher als wir selbst.
François La Rochefoucauld, franz. Schriftsteller (1613–1680)

Hass, Gier und Neid

Es ist leichter, den ersten Wunsch zu unterdrücken, als die folgenden zu erfüllen.
Benjamin Franklin, amerikanischer Staatsmann und Schriftsteller (1706–1790)

Hass ist gescheiterte Liebe.
Søren Kierkegaard, dänischer Philosoph (1813–1855)

Wenn man einem Kind einen Menschen hassen lehrt, der ihm nichts getan, so lernt es die übrigen Menschen auch hassen.
Jean Paul (eigentlich Johann Paul Friedrich Richter), deutscher Dichter (1763–1825)

Die Neider sterben wohl, doch nimmermehr der Neid.
Molière (eigentlich Jean-Baptiste Poquelin), französischer Komödiendichter (1622–1673)

Habgier im Alter ist eine Narrheit. Vergrößert man denn seinen Reiseproviant, wenn man sich dem Ziel nähert?
Marcus Tullius Cicero, römischer Staatsmann, Redner und Philosoph (106–43 v. Chr.)

Kaum hat mal einer ein Bissel was, / gleich gibt es welche, die ärgert das.
Wilhelm Busch, deutscher Dichter und Maler (1832–1908)

Begierde ist des Menschen Wesen selbst.
Baruch de Spinoza, niederländischer Philosoph (1632–1677)

Der Neid der Menschen zeigt an, wie unglücklich sie sich fühlen, und ihre beständige Aufmerksamkeit auf fremdes Tun und Lassen, wie sehr sie sich langweilen.
Arthur Schopenhauer, deutscher Philosoph (1788–1860)

Neid ist des Ruhmes Geleit.
nach Cornelius Nepos, römischer Geschichtsschreiber (um 100–ca. 25 v. Chr.)

Wussten Sie schon ...

Dieses zum Sprichwort gewordene Zitat findet sich in der Lebensbeschreibung des griechischen Feldherrn Chabrias, der 357 v. Chr. im Kampf fiel. Überliefert vom römischen Geschichtsschreiber Cornelius Nepos in seinen »Vitae XII.«, lautet es im lateinischen Original: »Invidia gloriae comes.«

Der Armut fehlt einiges, der Habsucht alles.
Friedrich Wilhelm Jacobs, deutscher Altertumsforscher (1764–1847)

Ehe man etwas brennend begehrt, soll man das Glück dessen prüfen, der es besitzt.
François La Rochefoucauld, französischer Schriftsteller (1613–1680)

Der Hass ist ein aktives Missvergnügen, der Neid ein passives; deshalb darf man sich nicht wundern, wenn der Neid so schnell in Hass übergeht.
Johann Wolfgang von Goethe, deutscher Dramatiker und Dichter (1749–1832)

Andere neidlos Erfolge erringen sehen, nach denen man selbst strebt, ist Größe.
Marie von Ebner-Eschenbach, österreichische Schriftstellerin (1830–1916)

Zwei Tragödien gibt es im Leben: Die eine, nicht zu bekommen, was das Herz wünscht, die andere, es zu bekommen.
George Bernard Shaw, irischer Dramatiker (1856–1950)

Die euch Hass predigen, erlösen euch nicht.
Marie von Ebner-Eschenbach, österreichische Schriftstellerin (1830–1916)

Setzten wir uns an die Stelle anderer Personen, so würden Eifersucht und Hass wegfallen, die wir so oft gegen sie empfinden.
Johann Wolfgang von Goethe, deutscher Dramatiker und Dichter (1749–1832)

Der Neid ist unversöhnlicher als der Hass.
François La Rochefoucauld, franz. Schriftsteller (1613–1680)

Neiden und beneidet werden / Ist das meiste Tun auf Erden.
Friedrich Freiherr von Logau, schlesischer Barockdichter (1604–1655)

Hoffnung, Trost und Hilfe

Der Kummer, von welcher Art er auch sein mag, verwundet nicht nur, er feit einen auch gegen vieles.
Anna Seghers, eigentlich Netty Radvanyi, deutsche Schriftstellerin (1900–1983)

Eine Kleinigkeit tröstet uns, weil eine Kleinigkeit uns betrübt.
Blaise Pascal, französischer Philosoph und Mathematiker (1623–1662)

Hoffnung und Furcht sind untrennbar.
François La Rochefoucauld, französischer Schriftsteller (1613–1680)

Der Lebende soll hoffen. (aus: *Faust II*)
Johann Wolfgang von Goethe, deutscher Dramatiker und Dichter (1749–1832)

Man verzählt sich stets, wenn man mit Angst und Hoffnung rechnet.
Françoise d'Aubigné, Marquise de Maintenon, heimliche Gemahlin Ludwigs XIV (1635–1719)

Auch das glücklichste Leben ist nicht ohne ein gewisses Maß an Dunkelheit denkbar, und das Wort Glück würde seine Bedeutung verlieren, hätte es nicht seinen Widerpart in der Traurigkeit.
Carl Gustav Jung, schweizerischer Psychologe (1875–1961)

Nichts verwirre dich, / nichts erschrecke dich, / alles geht vorüber. / Gott ändert sich nicht.
Theresa von Avila, spanische Mystikerin (1515–1582)

Biographisches

Theresa von Avila gilt als große Mystikerin von großer visionärer Kraft. Gegen große Widerstände erhält sie von Papst Pius IV. die Erlaubnis, ein eigenes Kloster zu gründen; das der »barfüßigen Karmelitinnen«. 1622 wird die Schutzpatronin von Spanien heilig gesprochen. Als erste Frau in der katholischen Kirche wurde ihr 1970 die Würde einer Kirchenlehrerin verliehen. Ihr Gedenktag in der evangelischen wie auch der katholischen Kirche ist der 15. Oktober.

Wenn der Mensch unterlässt, zu tun, was er vermag, und einzig Hilfe erwartet von Gott, dann scheint er Gott zu versuchen.
Thomas von Aquin, italienischer Kirchenlehrer (1225–1274)

Die Menschen, denen wir eine Stütze sind, geben uns den Halt im Leben.
Marie von Ebner-Eschenbach, österreichische Schriftstellerin (1830–1916)

Hoffnung ist schnell und fliegt mit Schwalbenschwingen. (aus: *König Richard III.*)
William Shakespeare, englischer Dramatiker (1564–1616)

Man kann nicht allen helfen, sagen manche Leute, und helfen keinem.
Peter Frankenfeld, deutscher Showmaster (1913–1979)

Die Hoffnung, so trügerisch sie ist, dient wenigstens dazu, uns auf angenehmem Weg an das Ende des Lebens zu führen.
François La Rochefoucauld, französischer Schriftsteller (1613–1680)

Komm, Trost der Welt, du stille Nacht!
Joseph Freiherr von Eichendorff, deutscher Schriftsteller (1788–1857)

Gegen die Schmerzen der Seele gibt es nur zwei Heilmittel: Hoffnung und Geduld.
Pythagoras, griechischer Philosoph (um 570–ca. 500 v. Chr.)

Wenn du dich in der Zwickmühle befindest, und alles sich gegen dich verschwört, und du meinst, nicht länger durchhalten zu können, darfst du auf keinen Fall aufgeben, denn jetzt ist der Augenblick gekommen, da alles sich zum Guten wendet.
Harriet Beecher-Stowe, amerikanische Schriftstellerin (1811–1896)

Trost gibt der Himmel. Von dem Menschen erwartet man Beistand.
Ludwig Börne, deutscher Schriftsteller und Theaterkritiker (1786–1837)

Alle schlechten Menschen helfen einander, darin liegt ihre größte Stärke.
Alexander Solschenizyn, russischer Schriftsteller (geb. 1918)

Nah ist / und schwer zu fassen der Gott. / Wo aber Gefahr ist, wächst / das Rettende auch.
Friedrich Hölderlin, deutscher Dichter (1770–1843)

Wussten Sie schon ...

Mit diesen Zeilen beginnt die 1. Strophe von Hölderlins Hymne »Patmos« von 1802. Zugrunde liegt eine sprichwörtlich gewordene Volksweisheit: »Wo (auch: Wenn) die Not am größten ist, ist (die) Hilf am nächsten.«

Liebe und Begierde

Ich hab dich geliebet und liebe dich noch! / Und fiele die Welt zusammen, / Aus ihren Trümmern stiegen doch / Hervor meiner Liebe Flammen.
Heinrich Heine, deutscher Dichter (1797–1856)

Es ist bemerkenswert, dass wir gerade von dem Menschen, den wir lieben, am mindesten aussagen können, wie er sei.
Max Frisch, schweizerischer Schriftsteller (1911–1991)

Das Schlimme an den Männern ist, dass sie Angst vor der Leidenschaft haben. Sie lieben mit dem Fuß auf dem Bremspedal – und deshalb wissen sie überhaupt nicht, was Leidenschaft ist.
Brigitte Bardot, französische Schauspielerin (geb. 1934)

Gib mir Keuschheit und Enthaltsamkeit – aber jetzt noch nicht!
Augustinus Aurelius, Bischof von Hippo, Philosoph und Kirchenlehrer (354–430)

Mir aber schreckt es das Herz im / Busen; denn wenn ich nur flüchtig / blicke zu dir hinüber, dann / bricht mir die Stimme.
Sappho, griechische Dichterin (um 600 v. Chr.)

In der Liebe suchen die meisten ewige Heimat. Andere, sehr wenige aber, das ewige Reisen.
Walter Benjamin, deutscher Schriftsteller (1892–1940)

Es ist schwierig, nicht ungerecht zu sein gegen das, was man liebt.
Oscar Wilde, englischer Schriftsteller (1854–1900)

Alles besiegt die Liebe.
Vergil (Publius Vergilius Maro), römischer Dichter (70–19 v. Chr.)

Wirklich reich ist ein Mensch nur dann, wenn er das Herz eines geliebten Menschen besitzt.
Greta Garbo, schwedische Filmschauspielerin (1905–1990)

Was ist es, sprich, was bei den Menschen »Liebe« heißt? / O, Kind, das Süßeste und Bitterste zugleich.
Euripides, griechischer Tragödiendichter (um 480–ca. 406 v. Chr.)

Durch Liebeserfahrung bleibt man verletzlich und damit lebendig.
Sunnyi Melles, schweizerische Schauspielerin (geb. 1958)

Mit der leidenschaftlichen Liebe ist es wie mit Gespenstern: Alle reden davon, aber keiner hat sie gesehen.
François La Rochefoucauld, franz. Schriftsteller (1613–1680)

Liebe ist die wunderbare Gabe, einen Menschen so zu sehen, wie er nicht ist.
Hannelore Schroth, deutsche Schauspielerin (1922–1987)

Der Wunder größtes ist die Liebe.
(August Heinrich) Hoffmann von Fallersleben, deutscher Dichter (1798–1874)

Man heilt Leidenschaften nicht durch Verstand, sondern nur durch andere Leidenschaften.
Ludwig Börne, deutscher Schriftsteller und Theaterkritiker (1786–1837)

Hassen und lieben muss ich. / Warum ich das muss, wirst du fragen. / Weiß ichs? Ich fühle, so ists, trag es, / gekreuzigt zu sein.
Catull (Gaius Valerius Catullus), römischer Dichter (um 84–ca. 54 v. Chr.)

Biographisches

Vom »wilden Catull«, wie sich der Patriziersohn aus Verona selbst nannte, sind 120 Gedichte und Epigramme erhalten. Der Mittelpunkt seines Lebens war Lesbia (eigentlich Clodia Pulchra). Viele Gedichte beschreiben Qualen und Wonnen dieser Liebe vom harmlosen Beginn über die Leidenschaft bis hin zur tiefen Enttäuschung.

Kein Toter ist so gut begraben wie eine erloschene Leidenschaft.
Marie von Ebner-Eschenbach, österreichische Schriftstellerin (1830–1916)

Einzig der Mensch ist wirklicher Lust fähig, denn er ist mit dem Vermögen des Denkens begabt; er erwartet die Lust, er sucht sie, er verschafft sie sich und erinnert sich ihrer, wenn er sie genossen hat.
Giacomo Casanova, italienischer Schriftsteller und Abenteurer (1725–1798)

Liebesschwüre sind wie die Gelübde der Matrosen auf hoher See: Nach dem Orkan ist alles vergessen.
John Webster, englischer Dramatiker (um 1580–ca. 1625)

Liebe ist ewige Gegenwart.
Stefan Zweig, österreichischer Schriftsteller (1881–1942)

Wer die Seele einer Frau sucht, ist nicht immer enttäuscht, ihren Körper zu finden.
Jean Paul (eigentlich Johann Paul Friedrich Richter), deutscher Dichter (1763–1825)

Das beste Aphrodisiakum ist ein Mann, der nach dem Essen das Geschirr abwäscht.
Cher, amerikanische Sängerin (geb. 1946)

Himmlisch wars, wenn ich bezwang / meine sündige Begier / doch wenns einmal nicht gelang / Hatt' ich doch ein groß' Pläsier.
Heinrich Heine, deutscher Dichter (1797–1856)

Begierde: Pfaffenwort für fleischliche Gelüste.
Gustave Flaubert, französischer Schriftsteller (1821–1880)

Liebe flößest du ein und Begier. Ich fühl es und brenne.
Johann Wolfgang von Goethe, deutscher Dramatiker und Dichter (1749–1832)

Wussten Sie schon …

Damit beginnt das 85. Epigramm aus Goethes »Venezianischen Epigrammen« von 1795. Im Folgenden heißt es: »Liebenswürdige, nun flöße Vertrauen mir ein!«

Eine Frau wird umso begehrenswerter, je stärker die Natur in ihr entfaltet und je nachdrücklicher sie in ihr gebändigt erscheint.
Simone de Beauvoir, französische Philosophin und Schriftstellerin (1908–1986)

Die Männer mögen vielleicht das Feuer entdeckt haben, die Frauen wissen dafür aber besser, wie man damit spielt.
Sarah Jessica Parker, amerikanische Schauspielerin (geb. 1965)

Lass deine Begierde, so findest du Ruhe!
William Shakespeare, englischer Dramatiker (1564–1616)

Den größten Reichtum hat, wer arm ist an Begierden.
Lucius Annaeus Seneca, römischer Dichter und Philosoph (um 4 v. Chr. – 65 n. Chr.)

Ich möchte mit dir machen / Was der Frühling mit den Kirschbäumen macht.
Pablo Neruda, chilenischer Dichter und Politiker (1904–1973)

Wussten Sie schon ...

»Quiero hacer contigo / lo que la primavera hace con los cerezos.« So endet das 14. Gedicht aus dem Zyklus »20 Liebesgedichte und ein Gesang der Verzweiflung« des chilenischen Dichters Pablo Neruda, der im Jahr 1971 für sein Lebenswerk mit dem Nobelpreis für Literatur ausgezeichnet wurde.

Scheidung und Trennung

Die Frau, die begreift, dass sie den Flug ihres Mannes hemmt, soll sich trennen. Warum hört man von diesem Akt der Liebe nicht?
Friedrich Nietzsche, deutscher Philosoph (1844–1900)

Bei einer Trennung gibt jeder Ehemann zu, dass beide Seiten schuld sind: Ehefrau und Schwiegermutter.
Meg Ryan, amerikanische Schauspielerin (geb. 1961)

Nun trink ich Weh in jeder Lust / Und Gift in jedem Wein; / So bitter hatt ich's nie gewusst, / Allein zu sein, / Allein und ohne dich zu sein!
Hermann Hesse, deutscher Dichter (1877–1962)

Ich bin nicht verärgert über meine Scheidung, nur darüber, dass ich keine Witwe geworden bin.
Roseanne Barr, amerikanische Schauspielerin (geb. 1953)

Nur in der Minute des Wiedersehens und der Trennung wissen es die Menschen, welche Fülle der Liebe ihr Busen verbarg, und nur darin wagen sie es, der Liebe eine zitternde Zunge und ein überfließendes Auge zu geben.
Jean Paul (eigentlich Johann Paul Friedrich Richter), deutscher Dichter (1763–1825)

Man muss manchmal von einem Menschen fortgehen, um ihn zu finden.
Heimito von Doderer, österreichischer Schriftsteller (1896–1966)

Sehr oft ist das Wiedersehen erst die rechte Trennung.
Friedrich Hebbel, deutscher Dramatiker (1813–1863)

Aus den Augen, aus dem Sinn. (aus: *Faust I*)
Johann Wolfgang von Goethe, deutscher Dramatiker und Dichter (1749–1832)

Trennung lässt matte Leidenschaften verkümmern und starke wachsen, wie der Wind die Kerze verlöscht und das Feuer entzündet.
François La Rochefoucauld, französischer Schriftsteller (1613–1680)

Die Liebe ist Sehnsucht, und gestillte Sehnsucht vergeht.
Hans Christian Andersen, dänischer Märchendichter (1805–1875)

Wie bitter sind der Trennung Leiden! (aus: *Die Zauberflöte*)
Wolfgang Amadeus Mozart, österreichischer Komponist (1756–1791)

Trotz allem möchte ich die Männer, mit denen ich verheiratet war, wieder heiraten. Aber nicht in der gleichen Reihenfolge!
Mae West, amerikanische Schauspielerin (1892–1980)

Scheiden tut weh!
Wilhelm Gerhard, deutscher Dichter (1780–1858)

Wussten Sie schon ...

Diese Zeilen finden sich in Gerhards »Matrosenlied«, wo es heißt: »Liebchen, ade! / Scheiden tut weh! / Morgen geht's in die wogende See!« Bekannt wurde die Redensart durch die erste Strophe des Kinderliedes »Winters Abschied« von Hoffmann von Fallersleben (1798–1874): »Winter ade! / Scheiden tut weh! Aber dein Scheiden macht / Dass mir das Herze lacht.«

Es ist besser, geliebt und verloren zu haben, als niemals geliebt zu haben.
Samuel Butler, englischer Philosoph und Essayist (1835–1902)

Meistens hat, wenn zwei sich scheiden, / einer etwas mehr zu leiden.
Wilhelm Busch, deutscher Dichter und Maler (1832–1908)

Unglück, Trauer und Sorgen

Die Traurigkeit ist das Los der tiefen Seelen und der starken Intelligenzen.
Alexandre Vinet, schweizerischer Theologe (1797–1847)

Was trägst du denn, das mehr als menschlich wäre? (aus: *Ödipus in Kolonos*)
Sophokles, griechischer Dramatiker (um 496– ca. 406 v. Chr.)

Wer nie sein Brot mit Tränen aß …
Johann Wolfgang von Goethe, deutscher Dramatiker und Dichter (1749–1832)

Wussten Sie schon …

Bei dieser Zeile handelt es sich um den Anfang des Gedichts des geheimnisvollen Harfners aus Goethes Roman »Wilhelm Meisters Wanderjahre« (2. Buch, 13. Kap.) Oft wird die ganze Strophe zitiert: »Wer nie sein Brot mit Tränen aß, / Wer nie die kummervollen Nächte / Auf seinem Bette weinend saß, / Der kennt euch nicht, ihr himmlischen Mächte.« Volkstümlich geworden ist auch die Verballhornung: »Wer nie sein Brot im Bette aß / Weiß nicht, wie Krümel pieken.«

O schauerliche Lebenswirrn / Wir hängen hier am roten Zwirn! / Die Unke unkt, / Die Spinne spinnt, / und schiefe Scheitel kämmt der Wind.
Christian Morgenstern, deutscher Schriftsteller (1871–1914)

Trauert nicht, wenn eines Herzens Melodie verstummt! Bald findet eine Hand sich, wieder es zu stimmen.
Friedrich Hölderlin, deutscher Dichter (1770–1843)

Vom Unglück erst / Zieh ab die Schuld; / Was übrig ist, / Trag in Geduld.
Theodor Storm, deutscher Dichter (1817–1888)

Weiche dem Unglück nicht, sondern geh ihm noch mutiger entgegen.
Vergil (Publius Vergilius Maro), römischer Dichter (70–19 v. Chr.)

Verzage nicht! Vielleicht ist das Unglück die Quelle deines Glücks.
Menander, griech. Lustspieldichter (342–291 v. Chr.)

Kummer, nimm erst Gestalt! Nur das Formlose ängstet und martert; / Hat sich der Feind mal gestellt, halb ist gewonnen der Sieg.
Franz Grillparzer, österreichischer Dichter (1791–1872)

Es ist ein Brauch von alters her: / Wer Sorgen hat, hat auch Likör.
Wilhelm Busch, deutscher Dichter und Maler (1832–1908)

Die größten bedeutendsten Probleme des Lebens sind grundsätzlich unlösbar. Sie können nicht gelöst, sondern nur überwunden werden.
Carl Gustav Jung, schweizerischer Psychologe (1875–1961)

Wenn uns Verzweiflung überkommt, liegt es gewöhnlich daran, dass wir zu viel an die Vergangenheit und an die Zukunft denken.
Theresia von Lisieux, frz. Mystikerin und Heilige (1873–1897)

Man kann von einem Leiden nicht genesen, wenn man es nicht in ganzer Stärke durchlebt.
Marcel Proust, französischer Schriftsteller (1871–1922)

Sieg und Niederlage

Niederlagen stählen, aber eben nur, wenn es nicht zu viele werden.
Willy Brandt, deutscher Politiker (1913–1992)

Wer spricht vom Siegen? Überstehn ist alles.
Rainer Maria Rilke, deutscher Dichter und Schriftsteller (1875–1926)

Krise ist ein produktiver Zustand. Man muss ihr nur den Beigeschmack der Katastrophe nehmen.
Max Frisch, schweizerischer Schriftsteller (1911–1991)

Noch einen solchen Sieg … und wir sind verloren.
Plutarch, griechischer Schriftsteller (um 46–ca. 120 n. Chr.)

Wir sind nicht interessiert an der Möglichkeit einer Niederlage.
Königin Victoria von England (1819–1901)

Immer schreiben Sieger die Geschichte von den Besiegten, Lebengebliebene die von Toten.
Theodor Lessing, deutscher Philosoph (1872–1933)

Eine stolz getragene Niederlage ist auch ein Sieg.
Marie von Ebner-Eschenbach, österreichische Schriftstellerin (1830–1916)

Der Siege göttlichster ist das Vergeben!
Friedrich von Schiller, deutscher Dramatiker (1759–1805)

Die, welche sie liebt, härtet die Gottheit ab, prüft und übt sie.
Lucius Annaeus Seneca, römischer Dichter und Philosoph (um 4 v. Chr. – 65 n. Chr.)

Jedes Schreckbild verschwindet, wenn man es fest ins Auge fasst.
Johann Gottlieb Fichte, deutscher Philosoph (1762–1814)

Ich kam, ich sah, ich siegte.
Gaius Julius Cäsar, römischer Feldherr und Staatsmann (100–44 v. Chr.)

Wussten Sie schon …

So kurz und bündig – »Veni, vidi, vici« – soll Cäsar seinem Freund Amicitius seinen mühelosen Sieg über Pharnakes II. bei Zela im Jahre 47 v. Chr. mitgeteilt haben. Man zitiert diesen Spruch meist in Situationen, in denen das eigene Handeln unerwartet eine überaus positive Wendung genommen hat.

Was mich nicht umbringt, macht mich stärker.
Friedrich Nietzsche, deutscher Philosoph (1844–1900)

Wussten Sie schon …

Der erste Abschnitt von Nietzsches »Götzendämmerung oder wie man mit dem Hammer philosophiert« (1888) enthält unter dem Titel »Sprüche und Pfeile« als 8. Spruch den obigen Aphorismus. Vorangestellt wird ihm der Satz: »Aus der Kriegsschule des Lebens.«

Man müsste Gott selbst sein, um Erfolge und Misserfolge unterscheiden zu können.
Anton (Pawlowitsch) Tschechow, russischer Schriftsteller (1860–1904)

Erfüllung und Zufriedenheit

Einsichtig ist, wer sich nicht grämt über das, was er nicht hat, sondern sich freut über das, was er hat.
Demokrit, griech. Philosoph (ca. 460–370 v. Chr.)

Hab oft im Kreis der Lieben im duftigen Gras geruht / und mir ein Liedlein gesungen und alles war hübsch und gut.
Adelbert von Chamisso, deutscher Dichter und Naturforscher (1781–1838)

Zufriedenheit ist der Stein der Weisen. Zufriedenheit wandelt in Gold, was immer sie berührt.
Benjamin Franklin, amerikanischer Staatsmann und Schriftsteller (1706–1790)

Zufriedenheit mit seiner Lage ist der größte und sicherste Reichtum.
Marcus Tullius Cicero, römischer Staatsmann, Redner und Philosoph (106–43 v. Chr.)

Es lässt sich nichts erklopfen, / der eine hat den Wein, / der andere hat den Pfropfen, / man muss zufrieden sein.
Theodor Fontane, deutscher Dichter (1819–1898)

So schönes Wetter – und ich noch dabei!
Wilhelm Raabe, deutscher Erzähler (1831–1910)

Am Ziele deiner Wünsche wirst du jedenfalls eines vermissen: Dein Wandern zum Ziel.
Marie von Ebner-Eschenbach, österreichische Schriftstellerin (1830–1916)

Selig lächelnd wie ein satter Säugling.
Christian Morgenstern, deutscher Schriftsteller (1871–1914)

Ihn, der aus jeglichem Tag sich sein Glück holt, ihn allein nur preise ich glücklich.
Euripides, griech. Dichter (um 480 – ca. 406 v. Chr.)

Wer wohl zufrieden ist, ist wohl bezahlt. (aus: *Der Kaufmann von Venedig*)
William Shakespeare, englischer Dramatiker (1564–1616)

Das Hauptmerkmal wahren Glücks ist Frieden, innerer Frieden.
Der 14. Dalai Lama (Geburtsname: Tenzin Gyatso), kirchliches Oberhaupt des tibetischen Lamaismus (geb. 1935)

Biographisches

Seit dem 16. Jahrhundert ist der Dalai Lama (mongolisch *dalai* »Ozean« und tibetisch *blama* »der Obere«) der höchste geistliche Würdenträger und politisches Oberhaupt Tibets. Der jetzige Dalai Lama wurde als Fünfjähriger inthronisiert. Nach der Annektierung Tibets durch die Chinesen gelang ihm die Flucht nach Indien, wo er bis heute lebt.

Sehnsucht, Verliebtsein und Flirt

Die Gaben der Natur und des Glücks sind nicht so selten wie die Kunst, sie zu genießen.
Luc de Clapiers Vauvenargues, französischer Moralist (1715–1747)

Ich habe genossen das irdische Glück, / Ich habe gelebt und geliebet. (aus: *Wallenstein*)
Friedrich von Schiller, deutscher Dramatiker (1759–1805)

Die Sinnlichkeit übereilt oft das Wachstum der Liebe, so dass die Wurzel schwach bleibt und leicht auszureißen ist.
Friedrich Nietzsche, deutscher Philosoph (1844–1900)

Ich bin so wild / nach deinem Erdbeermund …
François Villon (um 1431–1463)

Ich kann allem widerstehen, nur nicht der Verführung.
Oscar Wilde, englischer Schriftsteller (1854–1900)

Der Flirt ist die Kunst, einer Frau in die Arme zu sinken, ohne ihr in die Hände zu fallen.
Sacha Guitry, französischer Filmregisseur und Schriftsteller (1885–1957)

Ein ideales Vergnügen, wie es sich die Fantasie vorstellt, kann nie so intensiv sein wie ein erlebtes Vergnügen.
William Somerset Maugham, englischer Erzähler und Dramatiker (1874–1965)

Geld macht sinnlich. (aus: *Aufstieg und Fall der Stadt Mahagonny*)
Bertold Brecht, deutscher Dichter und Dramaturg (1898–1956)

Zwischen Sinnenglück und Seelenfrieden / Bleibt dem Menschen nur die bange Wahl …
Friedrich von Schiller, deutscher Dramatiker (1759–1805)

Manche Frauen lassen sich von nichts erregen und heiraten es dann.
Cher, amerikanische Schauspielerin (geb. 1946)

Flirt ist das Training mit dem Unrichtigen für den Richtigen.
Senta Berger, österreichische Schauspielerin (geb. 1941)

Flirtende Ehemänner am Strand sind keine Gefahr, denn sie schaffen es nicht lange, den Bauch einzuziehen.
Heidi Kabel, deutsche Schauspielerin (geb. 1914)

Alle sinnlichen Genüsse regen bei edlen Naturen den Geist an. Bei unedlen Naturen jagen sie ihn davon.
Waldemar Bonsels, deutscher Schriftsteller (1881–1952)

Ist es ein Verbrechen, zu sehr verliebt zu sein?
Alexander Pope, engl. Dichter und Schiftsteller (1688–1744)

Beim Flirten laufen nicht selten Männer einer Frau nach, die längst hinter ihnen her ist.
(Sidonie-Gabrielle) Colette, französische Schriftstellerin (1873–1954)

Biographisches

Colette heiratete im Jahr 1893 den Schriftsteller Gauthier-Villard und begann ihre »Claudine«-Romanreihe (»Claudine en menage«, »Claudine s'en va«) zu schreiben, ab 1900 ein internationaler Erfolg. Damit schuf sie einen neuen Typ Frau: 1903 gab es z. B. Hüte à la Claudine in Pariser Modegeschäften zu kaufen. Weitere bekannte Werke von Colette sind u. a. »Mitsou« (1919), »Die Katze« (1933) und »Gigi« (1945).

Charme ist ein Mittel, ein »Ja« zu erhalten, ohne präzise eine Frage gestellt zu haben.
Albert Camus, französischer Schriftsteller und Philosoph (1913–1960)

Nur wer die Sehnsucht kennt, weiß, was ich leide!
Johann Wolfgang von Goethe, deutscher Dramatiker und Dichter (1749–1832)

Wussten Sie schon ...

So beginnt und endet das Duett der beiden geheimnisvollen Gestalten Mignon und der Harfner aus dem 11. Kapitel des 4. Buchs von Goethes Gedicht »Wilhelm Meisters Lehrjahre« von 1796. Als Zitat sehr beliebt, bringt es doch selbstironisch das Ausmaß der Sehnsucht nach einer Person oder Sache zum Ausdruck.

Ein ernstlich Verliebter ist in Gegenwart seiner Geliebten verlegen, ungeschickt und wenig einnehmend.
Immanuel Kant, deutscher Philosoph (1724–1804)

Wer allzu vielen sagt »Ich bin nicht verliebt«, der ist verliebt.
Ovid (Publius Ovidius Naso), römischer Dichter (43 v. Chr. – um 17 n. Chr.)

Man sollte stets verliebt sein. Das ist der Grund, weshalb man nie heiraten sollte.
Oscar Wilde, englischer Schriftsteller (1854–1900)

Wir Frauen verlieben uns immer in den gleichen Typ Mann. Das ist unsere Form von Monogamie.
Lauren Bacall, amerikanische Schauspielerin (geb. 1924)

Um zum Dichter zu werden, muss der Mensch verliebt sein oder sich sehr elend fühlen.
George Gordon Lord Byron, englischer Dichter (1788–1824)

Mein schönes Fräulein, darf ich wagen, / Meinen Arm und Geleit Ihr anzutragen? (aus: *Faust I*)
Johann Wolfgang von Goethe, deutscher Dramatiker und Dichter (1749–1832)

Verliebtsein ist nur ein außerordentlicher Fall von freiwilliger Blindheit.
Honoré de Balzac, französischer Schriftsteller (1799–1850)

Oh dass sie ewig grünen bliebe, / Die schöne Zeit der jungen Liebe!
Friedrich von Schiller, deutscher Dramatiker (1759–1805)

Des Menschen Herz kann am glücklichsten sein, wenn es sich so recht sehnt.
Wilhelm Raabe, deutscher Erzähler (1831–1910)

O zarte Sehnsucht, süßes Hoffen, der ersten Liebe goldne Zeit!
Friedrich von Schiller, deutscher Dramatiker (1759–1805)

Wenn dir's im Kopf und Herzen schwirrt, / was willst du Bessres haben! / Wer nicht mehr liebt und nicht mehr irrt, / der lasse sich begraben.
Johann Wolfgang von Goethe, deutscher Dramatiker und Dichter (1749–1832)

Ein vornehmer Mann verliebt sich wie ein Narr, aber nicht wie ein Dummkopf.
François La Rochefoucauld, französischer Schriftsteller (1613–1680)

Ich kanns nicht fassen, nicht glauben, / Es hat ein Traum mich berückt …
Adelbert von Chamisso, deutscher Dichter und Naturforscher (1781–1838)

Verliebte sehen nicht / die artigen Kinderein, die sie begehen. (aus: *Der Kaufmann von Venedig*)
William Shakespeare, englischer Dramatiker (1564–1616)

Der Verliebte hat keine Zeit, geistreich zu sein.
Stendhal (eigentlich Marie Henri Beyle), französischer Schriftsteller (1783–1842)

Sex und Erotik

Enthaltsamkeit ist das Vergnügen / An Sachen, welche wir nicht kriegen.
Wilhelm Busch, deutscher Dichter und Maler (1832–1908)

Weibeslust liegt neben der männlichen wie ein Epos neben einem Epigramm.
Karl Kraus, österreichischer Publizist und Schriftsteller (1874–1936)

Du wirst niemals dem Zauber einer deines eigenen Geschlechtes erliegen – was für ein verdorrter Garten muss die Welt für dich sein!
Virigina Woolf, englische Schriftstellerin (1882–1941)

Wenn die Männer aufs Ganze gehen, meinen sie meistens nur die untere Hälfte.
Helen Vita, deutsche Sängerin und Kabarettistin (1928–2001)

Ich lass das Thema Sex nicht aus, das stimmt. Wobei es dem Leser auffallen sollte, und vielen fällt's ja auf, dass ich ein weit gefächertes Verständnis von Erotik habe. Dazu gehören bei mir auch Essen und Trinken.
Günter Grass, deutscher Schriftsteller (geb. 1927)

Ein Nein werten Männer als orales Verhütungsmittel.
Madonna, amerikanische Sängerin und Schauspielerin (geb. 1958)

Es ist noch niemand an einem Mangel an Geschlechtsverkehr gestorben. Bisher gibt es auch keinen Beweis dafür, dass Menschen, die enthaltsam leben, neurotischer oder sonst irgendwie gestörter sind als andere.
Germaine Greer, austral. Autorin und Feministin (geb. 1939)

Erotik verhält sich zu Sexualität wie Gewinn zu Verlust.
Karl Kraus, österreichischer Publizist und Schriftsteller (1874–1936)

Der Pullover einer Frau sitzt dann richtig, wenn die Männer nicht mehr atmen können.
Zsa Zsa Gabor, amerikanische Schauspielerin (geb. 1917)

Sexuelle Leidenschaft schließt immer ein tiefes und verletzliches Erkennen und Erkanntwerden ein – das heißt, sexuelle Intelligenz.
Robin Morgan, amerik. Autorin und Journalistin (geb. 1941)

Noch'n Drink, und ich lieg' unterm Gastgeber.
Dorothy Parker, amerikanische Schriftstellerin (1893–1967)

Biographisches

Parker schrieb für die amerikanischen Magazine »Vanity Fair«, »The New Yorker« und »The New Yorker Magazine«. Die scharfe Zunge und der beißende Sarkasmus der bald berühmtesten New Yorker Literatur- und Theaterkritikerin waren gefürchtet; ihr Witz war legendär. Im spanischen Bürgerkrieg war sie Kriegskorrespondentin. Ihre Kurzgeschichte »The Big Blonde« (1929) wurde als beste Kurzgeschichte des Jahres mit dem O'Henry-Preis ausgezeichnet.

Sex ist nur schmutzig, wenn er richtig gemacht wird.
Woody Allen, amerikanischer Regisseur, Schauspieler und Schriftsteller (geb. 1935)

Der Eros ist ein Trieb, der jeden Menschen zu unglaublichem Unsinn treiben kann.
Konrad Lorenz, österreichischer Zoologe und Verhaltensforscher (1903–1989)

Ich habe nur mit Männern geschlafen, mit denen ich auch verheiratet war. Wie viele Frauen können das von sich behaupten?
Elizabeth Taylor, amerikanische Schauspielerin (geb. 1932)

Biographisches

Eine beachtliche Anzahl von Ehemännern stützt den Wahrheitsgehalt dieses Zitates – denn Elizabeth Taylor war bislang achtmal verheiratet.

...der Frauenleib ist der Anstiftung dringend verdächtig...
Kurt Tucholsky, deutscher Schriftsteller (1890–1935)

Der Geist ist willig, aber das Fleisch ist schwach.
Mt 26,41

Sexappeal ist das, was Männer nur mit den Händen beschreiben können.
Uschi Glas, deutsche Schauspielerin (geb. 1944)

Der Sinnenrausch ist zur Liebe, was der Schlaf zum Leben.
Novalis (eigentlich Friedrich von Hardenberg), deutscher Dichter und Schriftsteller (1772–1801)

Ich persönlich hätte keine Lust auf Sex mit Soldaten. Man liest ja immer, sie hätten veraltetes Gerät.
Gabi Köster, deutscher TV-Comedy-Star (geb. 1961)

Die Amerikaner sprechen von Erotik im Büro und vom Geschäft im Schlafzimmer.
John Steinbeck, amerikanischer Erzähler (1902–1968)

Mit dem nackten Körper stets den Begriff der Erotik verbinden: das ist ungefähr so intelligent, wie beim Mund stets ans Essen zu denken.
Kurt Tucholsky, deutscher Schriftsteller (1890–1935)

Frauen sind vielleicht in der Lage, Orgasmen vorzutäuschen, aber Männer täuschen ganze Beziehungen vor.
Sharon Stone, amerikanische Schauspielerin (geb. 1958)

Mit Männern hat mans schwer, aber ohne sie funktionieren leider viele Stellungen nicht.
Pamela Anderson, amerikanische Schauspielerin (geb. 1967)

Jedes erste Mal mit einer Frau ist wieder das erste Mal …
Max Frisch, schweizerischer Schriftsteller (1911–1991)

Ich glaube, dass man die sexuelle Befreiung gründlich missverstanden hat. Porno tötet Sex.
Henry Miller, amerikanischer Schriftsteller (1891–1980)

Biographisches

Aus Geldnot schrieb der amerikanische Schriftsteller die Auftragsarbeit »Opus pistorum« (herausgegeben 1983), ein durchaus pornographisch zu nennendes Werk.
Der Roman »Stille Tage in Clichy« (1966) steht dessen Inhalt in nichts nach. Auch in vielen seiner anderen Romane, etwa »Wendekreis des Krebses« (1934) oder der Trilogie »Sexus« (1949), »Plexus« (1952) und »Nexus« (1957), ist die in krassem Realismus dargestellte Sexualität als sein Beitrag zur Anprangerung des bürgerlich-puritanischen Wertesystems der nordamerikanischen Gesellschaft zu werten.

Sind Penisse so etwas Schönes? Man hat ja im Laufe seines Lebens einige gesehen.
Margarete Mitscherlich, deutsche Psychoanalytikerin und Autorin (geb. 1917)

Durch die Bewegung im Beischlaf unterscheidet sich ein Alkibiades vom Bauer.
Wilhelm Heinse, deutscher Schriftsteller (1746–1803)

Wussten Sie schon …

In Gedenken an den berühmten attischen Feldherrn Alkibiades empfiehlt das Zitat, in Liebesangelegenheiten raffiniert und strategisch vorzugehen. Unter anderem gelang Alkibiades gleich zweimal der Sieg über das legendäre Kriegsvolk der Spartaner, das als nahezu unbezwingbar galt.

Wenn Sex die natürlichste Sache der Welt ist, warum gibt es dann so viele Ratgeber darüber?
Bette Midler, amerik. Schauspielerin und Sängerin (geb. 1945)

Niemand ist je über den Sex hinaus.
Graham Greene, englischer Erzähler (1904–1991)

Mit dem Gewähren der Liebesgunst steht es, wie ich gleich zu Anfang sagte: Es ist an sich weder schön noch hässlich, ist also nicht Gegenstand einfacher Beurteilung, sondern in schöner Weise vollzogen ist es schön, in hässlicher dagegen hässlich.
Platon, griechischer Philosoph (427–347 v. Chr.)

Wirkliche Erotik kann sich nur entwickeln, wenn zwei sich gleichberechtigt gegenüberstehen, wenn also Gegenseitigkeit, Umkehrbarkeit, Überraschung und Risiko möglich sind.
Alice Schwarzer, deutsche Journalistin und Autorin, Herausgeberin von »Emma« (geb. 1942)

Frauen über Männer

Die Fantasie des Mannes ist die beste Waffe der Frau.

Sophia Loren, italienische Filmschauspielerin (geb. 1934)

Ich bin nicht abergläubisch, aber es gibt Dinge, die mir kein Glück bringen, zum Beispiel die Männer.

Ava Gardner, amerikanische Schauspielerin (1922–1990)

Für Männer bedeutet Treue, wiederzukommen, statt dazubleiben.

Drew Barrymore, amerikanische Schauspielerin (geb. 1975)

Es muss schon ein sehr guter Ehemann sein, dass er besser ist als gar keiner.

Isotta Nogarola, italienische Gelehrte (1417–1466)

Die Männer sagen immer wieder dasselbe, aber Gott sei Dank immer zu einer anderen Frau.

Joan Collins, britische Schauspielerin (geb. 1933)

Für Männer gelten die Gesetze der Optik nicht.
Wenn man sie unter die Lupe nimmt,
werden sie plötzlich ganz klein.

Grethe Weiser, deutsche Schauspielerin (1903–1970)

Männer und Schweine haben immer etwas zu grunzen.

Nina Hagen, deutsche Rocksängerin (geb. 1955)

Ich bevorzuge junge Männer.
Sie wissen zwar nicht, was sie tun –
aber sie tun es die ganze Nacht.

Madonna, amerik. Sängerin und Schauspielerin (geb. 1958)

Kondome sollten nur noch in drei Größen produziert werden: groß, riesig und unglaublich. Dann behielten alle Männer in der Apotheke ihr Ego.

Barbara Seaman, amerikanische Schauspielerin (geb. 1922)

Bis der Richtige kommt, kann man eine wunderbare Zeit mit dem Falschen haben.

Kim Basinger, amerikanische Schauspielerin (geb. 1953)

Eine Frau wird immer den Mann verehren, den sie heiraten wollte. Ein Mann immer die Frau, die ihn ablehnte.

Zeruya Shalev, israelische Schriftstellerin (geb. 1959)

Traue nie den strahlenden Augen eines Mannes – denn es könnte die Sonne sein, die durch seinen hohlen Schädel scheint.

Sarah Jessica Parker, amerikanische Schauspielerin (geb. 1965)

Für eine Frau ist es besser, einen Mann zu heiraten, der sie liebt, als einen, den sie liebt.

Marianne Faithfull, amerikanische Sängerin (geb. 1946)

Männer kennen Probleme für jede Lösung.

Juliette Binoche, französische Schauspielerin (geb. 1964)

Männer sind wie Heftpflaster. Es gibt zwei Sorten: Die eine hält nicht und die andere geht nicht ab.

Esther Vilar, amerikanische Schriftstellerin (geb. 1935)

Der gute Ruf eines Mannes gründet sich auf dem Schweigen mehrerer Frauen.

Demi Moore, amerikanische Schauspielerin (geb. 1962)

Eifersucht

Wer nicht eifersüchtig ist, der liebt nicht.
Augustinus Aurelius, Bischof von Hippo, Philosoph und Kirchenlehrer (354–430)

Eifersucht ist nichts als Angst vor dem Vergleich.
Max Frisch, schweizerischer Schriftsteller (1911–1991)

Eifersüchtig – unziemlich besorgt über die Bewahrung von etwas, das man nur verlieren kann, wenn es das Behalten nicht lohnt.
Ambrose Bierce, amerikanischer Schriftsteller (1842–1914)

Die Eifersucht wird immer mit der Liebe geboren, aber sie stirbt nicht immer mit ihr.
François La Rochefoucauld, französischer Schriftsteller (1613–1680)

Ein eifersüchtiger Mann zu der Ehefrau: »Ist dir denn nicht bewusst, du Teufel, dass du schön bist wie ein Engel?«
Giacomo Leopardi, italienischer Dichter (1798–1837)

Eifersucht ist ein Hundegebell, das die Diebe anlockt.
Karl Kraus, österreichischer Publizist und Schriftsteller (1874–1936)

Der Eifersüchtige ereifert sich weniger über den Verlust seiner Geliebten als darüber, dass ein anderer ihm vorgezogen wird.
Paul Rée, deutscher Philosoph (1849–1901)

Die Eifersucht ist das größte aller Leiden und erweckt doch am wenigsten Mitleid in denen, die es verursachen.
François La Rochefoucauld, französischer Schriftsteller (1613–1680)

Wer liebt, zweifelt an nichts oder an allem.
Honoré de Balzac, französischer Schriftsteller (1799–1850)

Die begründete wie die unbegründete Eifersucht vernichtet diejenige Würde, deren gute Liebe bedarf.
Gottfried Keller, schweizerischer Schriftsteller (1819–1890)

Eifersucht ist Bewunderung in Kriegsbemalung.
Robert Louis Stevenson, englischer Erzähler (1850–1894)

Ist es wohl Scheltens wert, auch andre schön zu finden? (aus: *Die Laune des Verliebten*)
Johann Wolfgang von Goethe, deutscher Dramatiker und Dichter (1749–1832)

Eifersüchtig sein heißt: nicht an seiner Frau, sondern an sich selbst zweifeln.
Honoré de Balzac, französischer Schriftsteller (1799–1850)

Eifersucht ist eine Leidenschaft, die mit Eifer sucht, was Leiden schafft.
Miguel de Cervantes Saveedra, spanischer Schriftsteller (1547–1616)

Wussten Sie schon ...

Aus Cervantes' Unterhaltungsstück »Der wachsame Posten« (»La guarda cuydadosa«, 4. Auftritt) soll diese berühmte Sentenz stammen. Sie ist jedoch nur in der Übersetzung von Hermann Kurz (1870/71) als solche kenntlich. Im Original heißt es: »O Eifersüchte, Eifersüchte! / Wie viel besser nennt man euch Leiden, Leiden!« (»O zelos, zelos! Quan mejoras llamaran duelos, duelos!«)

In der Eifersucht liegt mehr Eigenliebe als Liebe.
François La Rochefoucauld, französischer Schriftsteller (1613–1680)

Treue und Untreue

Vertrauen ist Mut, und Treue ist Kraft.
Marie von Ebner-Eschenbach, österreichische Schriftstellerin (1830–1916)

Es ist kein Kompliment für eine ungetreue Frau, wenn der Gatte glücklicher aussieht als der Liebhaber.
Nicolas de Chamfort, franz. Schriftsteller (1741–1794)

Wenn eine Frau ihren Mann mit dessen besten Freund betrügt, so beruht das hauptsächlich darauf, dass Männer selten ihre Feinde nach Hause bringen.
Marcello Mastroianni, italienischer Filmschauspieler (1924–1996)

Warum suchen wir das Vergnügen bei anderen Frauen? Weil die eigene nicht die Kunst versteht, sich zu erneuern.
Pierre Augustin Caron de Beaumarchais, französischer Komödiendichter (1732–1799)

Wenn ich nochmal eine Frau entführen sollte, würde ich den Gatten mitnehmen.
Franz Liszt, deutscher Pianist und Komponist (1811–1886)

Der Liebe ist treu sein die schönste Pflicht.
Johann Gottfried von Herder, deutscher Philosoph und Dichter (1774–1803)

Der Ehebruch ist keine seltene Erscheinung, sondern eine gewöhnliche. Er ist eine Sache des Kanapees.
Napoleon I., Kaiser der Franzosen (1769–1821)

Treu sein, das liegt mir nicht. (aus: *Eine Nacht in Venedig*)
Johann Strauß, österreichischer Komponist (1825–1899)

’s ist besser, sehr betrogen sein, / als nur ein wenig wissen. (aus: *Othello*)
William Shakespeare, englischer Dramatiker (1564–1616)

So sprach mir ein Weib: »Wohl brach ich die Ehe, aber zuerst brach die Ehe mich.« (aus: *Zarathustra*)
Friedrich Nietzsche, deutscher Philosoph (1844–1900)

Du sollst keine Ehe schließen, die gebrochen werden muss.
Friedrich Schleiermacher, deutscher Philosoph und Theologe (1768–1834)

Wer sich selbst treu bleiben will, kann nicht immer anderen treu bleiben.
Christian Morgenstern, deutscher Schriftsteller (1871–1914)

Wenn der Mann / Sich allzu zärtlich seinem Weibe nähert, / so hat er im geheimen sie gekränkt.
Friedrich Hebbel, deutscher Dramatiker (1813–1863)

Eine Frau ist erledigt, wenn sie Angst vor ihrer Rivalin hat.
Marie Jeanne Du Barry, Geliebte Ludwigs XV. (1743–1793)

Biographisches

Madame Du Barry kannte diese Angst wohl aus ureigenster Erfahrung. Geboren als Marie Jeanne Bécu wurde die Modistin 1769 die Geliebte des Königs Ludwig XV. und hatte großen Einfluss auf den Herrscher. Sie fiel jedoch in Ungnade und wurde am 8.12.1793 wegen Konspiration mit Emigranten unter der Guillotine hingerichtet.

Sind wir einer Liebe überdrüssig, so ist es uns hochwillkommen, wenn man uns untreu wird, um unserer Treuepflicht entbunden zu sein.
François La Rochefoucauld, französischer Schriftsteller (1613–1680)

Abschied und Verlust

Was einem genommen wird, dem soll man nicht nachweinen, das ist verloren für immer. Nur was man gibt, bekommt man mitunter zurück.
Karl Heinrich Waggerl, deutscher Erzähler (1897–1973)

Zum Abschiednehmen just das rechte Wetter. / Grau wie der Himmel steht vor mir die Welt.
Joseph Victor von Scheffel, deutscher Dichter (1826–1886)

Entbehren zu müssen, den man liebt, ist noch ein Glück im Vergleich zu dem Zwang, mit dem leben zu müssen, den man hasst.
Jean de La Bruyère, frz. Essayist und Moralist (1645–1696)

Man schreibt nicht so ausführlich / Wenn man den Abschied gibt.
Heinrich Heine, deutscher Dichter (1797–1856)

Wussten Sie schon ...

In Heines Gedichtsammlung »Neuer Frühling« von 1830 finden sich diese Zeilen im Gedicht Nr. VIII. Es handelt von einem Abschiedsbrief, der den Empfänger »gar nicht bang« macht, denn: » ...Du willst mich nicht mehr lieben, / Aber dein Brief ist lang. / Zwölf Seiten, eng und zierlich! / Ein ganzes Manuskript! / Man schreibt nicht so ausführlich / Wenn man den Abschied gibt.« Mit dem Zitat werden zu wortreich geäußerte Trennungsabsichten scherzhaft kommentiert.

Man muss es immer dahin bringen, dass man zurückgewünscht wird.
Baltasar Gracián y Morales, spanischer Philosoph und Schriftsteller (1601–1658)

Schüttle alles ab, was dich in deiner Entwicklung hemmt, und wenn's auch ein Mensch wäre, der dich liebt!
Friedrich Hebbel, deutscher Dramatiker (1813–1863)

Ein Abschied schmerzt immer, auch wenn man sich schon lange darauf freut.
Arthur Schnitzler, österreichischer Schriftsteller (1862–1931)

Kein Weiser jammert um Verlust / Er sucht mit freud'gem Mut ihn zu ersetzen.
William Shakespeare, englischer Dramatiker (1564–1616)

Wohin du auch gehst, geh mit deinem ganzen Herzen.
Konfuzius, chinesischer Philosoph (551–479 v. Chr.)

Mancher hinterlässt eine Lücke, die ihn ersetzt.
Pearl S. Buck, amerikanische Schriftstellerin (1892–1975)

Du siehst die leuchtende Sternschnuppe nur dann, wenn sie vergeht!
Friedrich Hebbel, deutscher Dramatiker (1813–1863)

Meistens belehrt erst der Verlust uns über den Wert der Dinge.
Arthur Schopenhauer, deutscher Philosoph (1788–1860)

Tod und Trauer

Du bist ein Schatten am Tage / Und in der Nacht ein Licht; / Du lebst in meiner Klage / Und stirbst im Herzen nicht.
Friedrich Rückert, deutscher Dichter (1788–1866)

Nicht nur einen Tod gibt es. Der uns dahinrafft, ist nur der letzte.
Lucius Annaeus Seneca, römischer Dichter und Philosoph (um 4 v. Chr. – 65 n. Chr.)

Als wäre der Tod eine Sache der Zeit.
Max Frisch, schweizerischer Schriftsteller (1911–1991)

Du kamst, du gingst mit leiser Spur, / Ein flüchtger Gast im Erdenland. / Woher? Wohin? Wir wissen nur: / Aus Gottes Hand in Gottes Hand. (aus: *Auf den Tod eines Kindes*)
Ludwig Uhland, deutscher Dichter (1787–1862)

Wenn ich jetzt sterben müsste, würde ich sagen: »Das war alles?« – Und: »Ich habe es nicht so richtig verstanden.« Und: »Es war ein bisschen laut.«
Kurt Tucholsky, deutscher Schriftsteller (1890–1935)

Der Tod ist groß. / Wir sind die Seinen / lachenden Munds.
Rainer Maria Rilke, deutscher Dichter und Schriftsteller (1875–1926)

Wussten Sie schon ...

Diese Zeilen finden sich in Rilkes »Schlußstück« aus dem Gedichtband »Buch der Bilder« von 1907, wo es weiter heißt: »Wenn wir uns mitten im Leben glauben / Wagt er zu weinen / Mitten in uns.« Im Gebrauch dieses Zitats kommt die Unfassbarkeit des Todes zum Ausdruck, der, obwohl allgegenwärtig, im Erleben und Erleiden immer einen Bruch in der menschlichen Wahrnehmung auslöst.

Die Gewissheit des Todes wird durch die Ungewissheit seines Eintretens gemildert.
Jean de La Bruyère, französischer Essayist und Moralist (1645–1696)

Wenn die Frucht reif ist, fällt sie ab, und wenn so für sie gesorgt ist, fällt auch das Laub.
Ralph Waldo Emerson, amerikanischer Dichter und Philosoph (1803–1882)

Nicht der Tod, sondern das Sterben beunruhigt mich.
Michel de Montaigne, französischer Philosoph und Schriftsteller (1533–1592)

Durch den Tod wird das Leben verstärkt.
Novalis (eigentlich Friedrich von Hardenberg), deutscher Dichter und Schriftsteller (1772–1801)

Der Tod ist nichts Schreckliches; nur die fürchterliche Vorstellung vom Tode macht ihn furchtbar.
Epiktet, stoischer Philosoph (um 55–um 135)

Ist die Zeit gekommen, bleibe ich nicht länger hier. Mein Herz lebt in diesem jungen Baum – in seinen Blüten, in seiner zarten Blätter Tanz. Meine Hoffnung auf immer neue selige Frühlinge bleibt bestehen. Ich selbst werde gehen.
Rabindranath Tagore, indischer Dichter und Philosoph (1861–1941)

Mit jedem Menschen sterben auch die Toten, die nur in ihm noch gelebt haben.
Richard von Schaukal, österreichischer Lyriker (1874–1942)

Festigkeit oder Schwäche im Tod hängt von der letzten Krankheit ab.
Luc de Clapiers Vauvenargues, französischer Moralist (1715–1747)

Nun bleiben Glaube, Hoffnung, Liebe, diese drei; aber die Liebe ist die größte unter ihnen.
1. Kor 13,13

Was einer ist, was einer war, / Beim Scheiden wird es offenbar. / Wir hören's nicht, wenn Gottes Weise summt, / Wir schaudern erst, wenn sie verstummt.
Hans Carossa, deutscher Dichter (1878–1956)

Freizeit-vergnügen

In unseren Mußestunden leben wir doch erst so richtig auf! Wer würde dieser Feststellung nicht aus ganzem Herzen zustimmen? Beim Wort »Barcelona« denkt die kultivierte Kollegin nur an Gaudís Kathedrale, Ihr Freund Johannes hingegen an eine Flasche »fundador«. Manche schlafen gerne lang oder verreisen in ihren Träumen wie Kurt Tucholsky. In der Freizeit kommt man mit vielen Leuten zusammen. Fast jeder hat über seine Vorlieben etwas zu erzählen. So auch die berühmten Menschen im folgenden Kapitel.

Reisen

Ja, wäre nur ein Zaubermantel mein! Und trüg er mich in fremde Länder …
Johann Wolfgang von Goethe, deutscher Dramatiker und Dichter (1749–1832)

Man reist nicht billiger und schneller als in Gedanken.
Georg Weerth, deutscher Schriftsteller (1822–1856)

Froh schlägt das Herz im Reisekittel, / Vorausgesetzt man hat die Mittel.
Wilhelm Busch, deutscher Dichter und Maler (1832–1908)

Wir sehnen uns nicht nach bestimmten Plätzen zurück, sondern nach den Gefühlen, die sie in uns auslösen.
Sigmund Graff, deutscher Schriftsteller (1898–1979)

Wer weit zu reisen gedenkt, muss sein Reittier schonen.
Jean-Baptiste Racine, französischer Bühnendichter (1639–1699)

Nur Reisen ist Leben, wie umgekehrt Leben Reisen ist.
Jean Paul (eigentlich Johann Paul Friedrich Richter), deutscher Dichter (1763–1825)

Wenn man mich fragt, warum ich reise, antworte ich: Ich weiß wohl, wovor ich fliehe, aber nicht, wonach ich suche.
Michel de Montaigne, französischer Philosoph und Schriftsteller (1533–1592)

Ich bin nicht nur für einen Ort geboren, die ganze Welt ist mein Heimatland.
Lucius Annaeus Seneca, römischer Dichter und Philosoph (um 4 v. Chr. – 65 n. Chr.)

Wer an der Küste bleibt, kann keine neuen Ozeane entdecken.
Fernando Magellan, portugiesischer Seefahrer (1840–1521)

Nach Ägypten wär's nicht so weit. Aber bis man zum Südbahnhof kommt.
Karl Kraus, österreichischer Publizist und Schriftsteller (1874–1936)

Was wunderst du dich, dass deine Reisen dir nichts nützen, da du dich selbst mit herumschleppst?
Sokrates, griechischer Philosoph und Lehrer (um 470 v. Chr.–399 v. Chr.)

Es wandelt niemand ungestraft unter Palmen, und die Gesinnungen ändern sich gewiss in einem Lande, wo Elefanten und Tiger zu Hause sind.
Johann Wolfgang von Goethe, deutscher Dramatiker und Dichter (1749–1832)

Eine Fahrt mit der Eisenbahn kann ich beim besten Willen nicht als Reise bezeichnen. Man wird ja lediglich von einem Ort zum anderen befördert und unterscheidet sich damit nur sehr wenig von einem Paket.
John Ruskin, englischer Schriftsteller und Kunstkritiker (1819–1900)

Wenn jemand eine Reise tut, so kann er was erzählen.
Matthias Claudius, deutscher Dichter und Redakteur (1740–1815)

Eine Weltkarte, die das Land Utopia nicht enthielte, verdiente diesen Namen nicht, denn ihr fehlte das einzige Land, in dem die Menschheit immer landet.
Oscar Wilde, englischer Schriftsteller (1854–1900)

Wem Gott will rechte Gunst erweisen, den schickt er in die weite Welt.
Joseph Freiherr von Eichendorff, deutscher Schriftsteller (1788–1857)

Zum Reisen gehört Geduld, Mut, guter Humor, Vergessenheit aller häuslichen Sorgen, und dass man sich durch widrige Zufälle, Schwierigkeiten, böses Wetter, schlechte Kost und dergleichen nicht niederschlagen lässt.
Adolf Freiherr von Knigge, deutscher Schriftsteller (1751–1796)

Du kannst Dir gar nicht vorstellen, welche Sehnsucht und Lust zu reisen ich habe.
Carl Spitzweg, deutscher Maler (1808–1885)

Spiel und Sport

Olympische Spiele sind eine wunderbare Gelegenheit, Zwietracht auch unter jenen Nationen zu stiften, die sonst keine Reibungsfläche haben.
George Bernard Shaw, irischer Dramatiker (1856–1950)

Athletisch zu sein halte ich nicht für unweiblich. Es ist für mich eine Form der Anmut.
Jackie Joyner-Kersee, amerikanische Olympia-Athletin (geb. 1962)

Mir war die selbstverständliche Annahme, dass Mädchen langsamer zu sein hätten als Jungen, verhasst.
Dawn Fraser, australische Schwimmerin und Goldmedaillengewinnerin (geb. 1938)

Spiel: eine Beschäftigung, die für sich selbst angenehm ist.
Immanuel Kant, deutscher Philosoph (1724–1804)

Damentennis ist langweilig. Ich kann auch die Männer schlagen.
Serena Williams, amerikanische Tennisspielerin (geb. 1981)

Glücksspiel ist das Kind der Habsucht, der Bruder der Sittenlosigkeit und der Vater des Unheils.
George Washington, amerikanischer Feldherr und 1. Präsident der Vereinigten Staaten (1732–1799)

Der Roulette-Tisch lohnt sich für keinen, ausgenommen für seinen Besitzer; trotzdem ist die Leidenschaft des Spielens allgemein, die Leidenschaft, Roulette-Tische zu halten, dagegen unbekannt.
George Bernard Shaw, irischer Dramatiker (1856–1950)

Die Quelle alles Guten liegt im Spiel.
Friedrich Fröbel, deutscher Pädagoge (1782–1852)

Spielen ist dem Menschen innewohnendes Prinzip.
Edmund Burke, englischer Staatsmann (1729–1797)

Spielen ist experimentieren mit dem Zufall.
Novalis (eigentlich Friedrich von Hardenberg), deutscher Dichter und Schriftsteller (1772–1801)

Wenn sie nicht hören, reden, fühlen / Noch sehn, was tun sie denn? – / Sie spielen.
Magnus Gottfried Lichtwer, deutscher Dichter (1719–1783)

Das Spiel schenke uns Freude und Erholung.
Thomas von Aquin, italienischer Kirchenlehrer (1225–1274)

Wir spielen alle, wer es weiß, ist klug.
Arthur Schnitzler, österreichischer Schriftsteller (1862–1931)

Auto und Computer

Der Computer ist die logische Weiterentwicklung des Menschen: Intelligenz ohne Moral.
John Osborne, englischer Dramatiker (1929–1994)

Schleichzwang!
Peter Hinze, deutscher Politiker (geb. 1950)

Wussten Sie schon ...

Mit diesen Worten quittierte der CDU-Politiker im Jahr 1998 die Forderung der Grünen nach Tempo 100 auf der Autobahn.

Das Auto wird nur eine Zukunft haben, wenn es auch eine Fläche zum Fahren hat.
Hans Eichel, deutscher Politiker (geb. 1941)

Die Tatsache, die alle Menschen gemeinsam haben, unabhängig von Rasse, Religion, ethnischer Herkunft, sozialer Stellung, Geschlecht oder Alter, ist die, dass tief drinnen jederman glaubt, der beste Autofahrer zu sein.
Willy Meurer, kanadischer Aphoristiker und Publizist (geb. 1934)

Ein Computer beherrscht die kompliziertesten Dinge. Das sieht man am besten an seinen Fehlern.
Erhard Blanck, deutscher Schriftsteller und Maler (geb. 1942)

Stellen Sie sich vor, Ihr PC begrüßt Sie nach dem Einschalten mit den Worten: »Ich bin Ich – und du bist du!«
Manfred Poisel, deutscher Werbetexter (geb. 1944)

Die preiswerteste Automarke ist der Dienstwagen.
Lothar Schmidt, dt. Politologe und Aphoristiker (geb. 1922)

Manche Errungenschaften der Menschen beruhen darauf, dass der Mensch auch aus falschen Prämissen richtige Schlussfolgerungen zu ziehen vermag. Der Computer schafft das nicht.
Lothar Schmidt, deutscher Politologe und Aphoristiker (geb. 1922)

Wenn sich ein Mann am Steuer seines Autos niederlässt, ist er ein Pfau, der sein Rad in der Hand hält.
Anna Magnani, italienische Schauspielerin (1908–1973)

Die Liebe des Mannes geht durch den Magen. Die Liebe der Frau geht durch den Wagen.
Gerhard Grüninger, deutscher Schriftsteller (geb. 1913)

Wenn ein Mann einer Frau höflich die Autotür aufreißt, dann ist entweder der Wagen neu oder die Frau.
Uschi Glas, deutsche Schauspielerin (geb. 1944)

Viele Leute pflegen ihr Auto besser als sich selbst.
Horst Seehofer, deutscher Politiker (geb. 1949)

Harry, fahr schon mal den Wagen vor.

Wussten Sie schon ...

Dieser Satz stand nie im Drehbuch! Er wurde von den Medien verbreitet, als feststand, dass die international erfolgreiche Krimiserie »Derrick« (1974–1998) mit Oberinspektor Stephan Derrick (Horst Tappert) und seinem Assistenten Harry Klein (Fritz Wepper) nicht fortgeführt werden würde. Als Zitat benutzt, vermittelt die Wendung neben der Aufforderung auch gewisses hierarchisches Denken. Harry Klein, der Assistent, arbeitet seinem Chef nur zu. Eine »gefühlte« Degradierung – die einer Person zum bloßen Chauffeur – wird mit dem Zitat ausgedrückt.

Fernsehen und Kino

Film ist vielleicht die einzige Branche, in der sich mancher als Meister fühlt, bevor seine Lehrzeit überhaupt begonnen hat.
Sir Alfred Hitchcock, englischer Filmregisseur und -produzent (1899–1980)

Die Szene, die wir gerade drehen, die sitzt wie ein Klumpen verknäulter Spaghetti in meinem Kopf. Aber als Regisseur muss ich wissen, wo jede einzelne Spaghetti anfängt und wo sie aufhört.
Kenneth Branagh, britischer Regisseur und Schauspieler (geb. 1960)

Ich bin Handwerker, kein Künstler.
Sönke Wortmann, deutscher Regisseur (geb. 1959)

Biographisches

Der Regisseur Sönke Wortmann führte die junge deutsche Komödie zum Erfolg. Seine Filme waren maßgeblich daran beteiligt, dem deutschen Kinofilm aus seiner Krise zu helfen. Populär wurden vor allem »Kleine Haie« (1992), »Der bewegte Mann« (1994) und zuletzt »Das Wunder von Bern« (2003).

Das Fernsehen ist ein Hausgast geworden, der alle anderen Hausgäste vor die Wahl stellt, sich ihm unterzuordnen oder wegzubleiben.
Sigmund Graff, deutscher Schriftsteller (1898–1979)

Dem Fernseher verdanken wir das Phänomen, dass jeden Abend unzählige Menschen aufwachen, bevor sie ins Bett gehen.
Robert Lemke, deutscher Journalist und Fernsehmoderator (1913–1989)

Fernsehen ist das einzige Schlafmittel, das mit den Augen eingenommen wird.
Vittorio de Sica, ital. Schauspieler und Regisseur (1902–1974)

Ein Mensch, der einen Berg besteigt, um den Sonnenuntergang zu sehen, sieht etwas ganz anderes als das, was einem Menschen, der in einem Sessel sitzt, in einem Flimmerkasten gezeigt wird.
Gilbert K(eith) Chesterton, englischer Schriftsteller (1874–1936)

Essen

Nicht der Bauch ist unersättlich, wie die Leute meinen, sondern die falsche Vorstellung von dem unbegrenzten Anfüllen des Bauches.
Epikur, griechischer Philosoph (341–271 v. Chr.)

Es gibt keine aufrichtigere Liebe als die zum Essen.
George Bernard Shaw, irischer Dramatiker (1856–1950)

Mein idealer Lebenszweck / Ist Borstenvieh, ist Schweinespeck!

Wussten Sie schon ...

So lautet der Refrain eines Couplets, gesungen vom Schweinehändler Zsupán (»Ja, das Schreiben und das Lesen / Ist nie mein Fach gewesen ...«) in der Operette »Der Zigeunerbaron« von Johann Strauß (I,5). Ignatz J. Schnitzer schrieb das Libretto nach einer Erzählung von M. Jókai. – Oft werden die Verse in scherzhafter Anspielung auf die Liebe zu deftigem Essen zitiert.

Eine gute Tafel stillt allen Groll ... sie versöhnt alle Menschen, bevor sie zu Bette gehen.
Luc de Clapiers Vauvenargues, französischer Moralist (1715–1747)

Was uns am Leben erhält, kann uns auch krank machen.
Hippokrates, griechischer Arzt (um 460–370 v. Chr.)

Wenn du merkst, du hast gegessen, hast du schon zuviel gegessen.
Sebastian Kneipp, deutscher Naturheilkundler und Pfarrer (1821–1897)

Küsse vergehen, Kochkunst bleibt bestehen.
George Meredith, englischer Schriftsteller (1828–1909)

Das Haar in der Suppe missfällt uns sehr / Und wenn's von der Geliebten wär'.
Wilhelm Busch, deutscher Dichter und Maler (1832–1908)

Nein, meine Suppe ess ich nicht! (aus: *Der Struwwelpeter*)
Dr. Heinrich Hoffmann, deutscher Arzt (1809–1894)

Es ist besser ein Gericht Kraut mit Liebe, denn ein gemästeter Ochse mit Hass.
Sprüche Salomos 15,17

Das war ein königliches Mahl!
Friedrich von Schiller, deutscher Dramatiker (1759–1805)

Der Appetit kommt beim Essen.
François Rabelais, französischer Schriftsteller und Humanist (um 1494–1553)

Der Mensch ist, was er isst.
Ludwig Feuerbach, deutscher Philosoph (1804–1872)

Die Seele des Feinschmeckers ist mit seinem Gaumen identisch.
Jean-Jacques Rousseau, französischer Philosoph 1712–1778)

Lateinischer Humor

Similem habent labra lactucam.

(Die Lippen passen zum Salat.)

Lucilius, römischer Satiriker (180–102 v. Chr.)

Dies soll Marcus Licinius Crassus, ein reicher römischer Staatsmann, gesagt haben, als er Esel Disteln fressen sah.

Fumantem nasum vivi ursi ne tentaveris!

(Wenn dem Bären die Nase raucht, darf man ihm nicht zu nahe kommen.)

Martial (Marcus Valerius Martialis), lateinischer Dichter (um 40–ca. 104)

Charta non erubescit.

(Papier errötet nicht.)

Marcus Tullius Cicero, römischer Staatsmann und Redner (106–43 v. Chr.)

Minima non curat praetor.

(Um Kleinigkeiten kümmert sich der Prätor nicht.)

nach Sophista Callistratus, röm. Rechtsgelehrter (um 200)

Lupus in fabula!

(Wie der Wolf in der Fabel!)

Terenz (Publius Terentius Afer), römischer Lustspieldichter (um 195–159 v. Chr.)

Aus Terenz' »Adelphi« (IV,I,21) stammt dieser erschreckte Ausruf des Syrus, als unvermutet der Mann auftaucht, über den er gerade spricht. Gemeint ist: »Wenn man vom Wolf spricht, dann ist er nicht weit.« Im Deutschen wurde das Zitat in: »Wenn man vom Teufel spricht ...« umgeformt.

Saepe etiam est olitor valde opportuna locutus.

(Oft schon hat auch ein Gemüsehändler sehr Passendes gesprochen.)

Erasmus von Rotterdam, niederländ. Humanist (um 1466–1536)

Fronte capillata, post est occasio calva.

(Vorn hat die Gelegenheit den Schopf, kahl ist sie hinten.)

Phaedrus, röm. Fabeldichter (63 v. Chr. – 14 n. Chr.)

Quamvis sint sub aqua, sub aqua / maledicere tentant.

(Obwohl sie unter Wasser sind, versuchen sie selbst unter Wasser noch zu schmähen.)

Ovid (Publius Ovidius Naso), römischer Dichter (43 v. Chr. – um 17 n. Chr.)

In Ovids »Metamorphosen« verwandelt die Göttin Latona die lykischen Bauern, da sie die Götter schmähten, in Frösche. Die aber schimpften unter Wasser weiter. Der lateinische Hexameter gibt das Quaken lautmalerisch witzig wieder.

Si tacuisses, philosophus mansisses.

(Wenn du geschwiegen hättest, wärest du ein Philosoph geblieben.)

nach Anicius Manlius Severinus Torquatus Boethius, römischer Philosoph und Staatsmann (480–524)

Adspice nudatas, barbara terra, nates!

(Schau meinen nackten Hintern an, Barbarenland!)

Antonio Campani (15. Jh.)

Worte wie diese dürfte man sicher nicht oft aus dem Munde eines päpstliche Nuntius hören. Überliefert ist aber, dass sich Antonio Campani, der vergeblich nach Deutschland gereist war, um im Auftrag des Papstes Sixtus IV. (Amtszeit 1471–84) Hilfe gegen die Türken zu erbitten, mit ebenjener Äußerung wieder empfohlen haben soll.

Non olet.

(Es [Geld] stinkt nicht.)

Vespasian (Titus Flavius Vespasianus), römischer Kaiser (9–79)

Sueton überliefert die Entstehung des Ausspruchs: Kaiser Titus Flavius Vespasianus, der ab 69 Rom regierte, erlegte auf die Benutzung von Klosetts eine Steuer. Als sein Sohn Titus ihn deshalb tadelte, hielt er ihm die ersten Einnahmen daraus unter die Nase und fragte ihn, ob das Geld rieche. Er verneinte, sagte aber: »Und dennoch ist es aus Harn.«

Trinken und Rauchen

Es gibt nichts Leichteres, als mit dem Rauchen aufzuhören. Ich selbst habe es schon 137-mal geschafft.
Mark Twain, amerikanischer Schriftsteller (1835–1910)

Das Essen, das ich für mich gemacht, / das Trinken, das ich für mich erdacht! / Für mich wird Küch' und Keller bestellt, / zum Essen und Trinken kam ich zur Welt.
Pedro Calderón de la Barca, spanischer Dramatiker (1600–1681)

Für die Toten Wein, für die Lebenden Wasser, das ist eine Vorschrift für Fische.
Martin Luther, deutscher Theologe (1483–1546)

Rotwein ist für alte Knaben / Eine von den besten Gaben.
Wilhelm Busch, deutscher Dichter und Maler (1832–1908)

Und wärst du auch zum fernsten Ort, / zur kleinsten Hütte durchgedrungen, / was hilft es dir? Du findest dort / Tabak und böse Zungen.
Johann Wolfgang von Goethe, deutscher Dramatiker und Dichter (1749–1832)

Er hustete so hohl, dass man in jedem Laut den doppelten Resonanzboden Brust und Sarg mitzuhören glaubte.
Georg Christoph Lichtenberg, deutscher Schriftsteller und Physiker (1742–1799)

Es lebe jeder deutsche Mann, / Der seinen Rheinwein trinkt, / So lang ers Kelchglas halten kann, / Und dann zu Boden sinkt.
Ludwig Christoph Heinrich Hölty, deutscher Dichter (1748–1776)

Selbstverständlich rauche ich unaufhörlich. Zigaretten sind die Fackeln der Selbsterkenntnis und unter ihrem Einfluss kann ich mich aus der Welt in eine Sphäre privater Eindrücke zurückziehen.
Oscar Wilde, englischer Schriftsteller (1854–1900)

Der Wein erfindet nichts, er schwatzt nur aus.
Friedrich von Schiller, deutscher Dramatiker (1759–1805)

Trinke, Liebchen, trinke schnell, / Trinken macht die Augen hell. (aus: *Die Fledermaus*)
Johann Strauß, österreichischer Komponist (1825–1899)

Ei, das muss immer saufen und fressen. (aus: *Wallenstein*)
Friedrich von Schiller, deutscher Dramatiker (1759–1805)

Trinken sang Anakreon, / Trinken sang Horaz; / Darum trink, o Musensohn, / Denn die Vorwelt tat's.
Johann Christoph Friedrich Haug, dt. Dichter (1761–1829)

Du siehst mit diesem Trank im Leibe, / Bald Helenen in jedem Weibe.
Johann Wolfgang von Goethe, deutscher Dramatiker und Dichter (1749–1832)

Gäste und Feste

Wenn man im Mittelpunkt einer Party stehen will, darf man nicht hingehen.
Audrey Hepburn, amerik. Schauspielerin (1929–1993)

O Abu Huraira, besuche die Leute seltener, dann wirst du beliebter!
Mohammed (eigentlich Abul-Kasim Muhammad), Stifter des Islam (570–632)

Eine Party ist eine Zusammenkunft, bei der am Ende die Gäste aufgeräumter sind als die Wohnung.
Senta Berger, österreichische Schauspielerin (geb. 1941)

Das sind mir allzu böse Bissen, / an denen die Gäste würgen müssen.
Johann Wolfgang von Goethe, deutscher Dramatiker und Dichter (1749–1832)

Einige erzeugen Freude, wohin immer sie gehen; / andere, wann immer sie gehen.
Oscar Wilde, englischer Schriftsteller (1854–1900)

Was? der Blitz! / Das ist ja die Gustel aus Blasewitz.
Friedrich von Schiller, deutscher Dramatiker (1759–1805)

Wussten Sie schon ...

Der Ausruf stammt aus dem 5. Auftritt von Schillers »Wallensteins Lager« (1798). Einer der Soldaten erkennt in der Marketenderin eine alte Bekannte wieder und begrüßt sie mit diesen Worten. – Heute benutzt man das Zitat, um seine Überraschung auszudrücken, wenn unversehens Bekannte »hereinschneien«.

Die unterhaltsamsten Gäste sind die, die gern hören, wenn andere sprechen.
Thomas Carlyle, englischer Schriftsteller (1795–1881)

Man sollte den Gästen einen guten Trunk geben, damit sie fröhlich werden.
Martin Luther, deutscher Theologe (1483–1546)

Besuch ist wie Fisch – nach drei Tagen stinkt er.
Benjamin Franklin, amerikanischer Staatsmann und Schriftsteller (1706–1790)

Klug ist, wer stets zur rechten Stunde kommt, / doch klüger, wer zu gehen weiß, wenn es frommt.
Emanuel Geibel, deutscher Dichter (1815–1884)

Vergesst die Gastfreundschaft nicht. Durch sie haben manche, ohne es zu wissen, Engel beherbergt.
Hebräer 13,2

Gastfreundschaft besteht aus ein wenig Wärme, ein wenig Nahrung und großer Ruhe.
Ralph Waldo Emerson, amerikanischer Dichter und Philosoph (1803–1882)

Ein Gastgeber ist wie ein Feldherr: Erst wenn etwas schief geht, zeigt sich sein Talent.
Horaz (Quintus Horatius Flaccus), römischer Dichter (65–8 v. Chr.)

Tages Arbeit! Abends Gäste! / Saure Wochen! / Frohe Feste!
Johann Wolfgang von Goethe, deutscher Dramatiker und Dichter (1749–1832)

Mode und Schönheit

Es ist anstrengend, auf der Höhe zu sein. Aber im Trend sein hält ja auch gelenkig, wenn man das zeitgeistige Gehampel nicht zu ernst nimmt.
Marcel Reich-Ranicki, deutscher Literaturkritiker und Schriftsteller (geb. 1920)

Das Mädchen ist ganz gut, man muss nur einen andern Rahmen drummachen lassen.
Georg Christoph Lichtenberg, deutscher Schriftsteller und Physiker (1742–1799)

Mode ist jene kurze Zeitspanne, in der das völlig Verrückte als normal gilt.
Oscar Wilde, englischer Schriftsteller (1854–1900)

Ich sehe scheußlich aus, das ist mir egal, solange ich mich wohl fühle.
Katharine Hepburn, amerikanische Schauspielerin (1907–2003)

Die Mode ist weiblichen Geschlechts, folglich hat sie ihre Launen.
Karl Julius Weber, deutscher Jurist und Privatgelehrter (1767–1832)

Leute, die nach dem Zeitgeist streben, sind schon automatisch altmodisch.
Vivienne Westwood, britische Modeschöpferin (geb. 1941)

Kleider machen Leute.
Gottfried Keller, deutscher Schriftsteller (1819–1890)

Wussten Sie schon ...

Die gleichnamige Erzählung von Gottfried Keller, die im Jahre 1874 im 2. Teil des Novellenzyklus »Die Leute von Seldwyla« erschien, handelt von einem armen Schneider, der, gut angezogen und gepflegt, für einen Grafen gehalten wird. Schon Friedrich von Logau verwendete die Formulierung in einem seiner Gedichte, auch verwendete sie Quintilian in seiner »Institutio oratoriae« (8,5): »Vestis virum reddit.« (Das Kleid macht den Mann.)

Sobald eine Mode allgemein geworden ist, hat sie sich überlebt.
Marie von Ebner-Eschenbach, österreichische Schriftstellerin (1830–1916)

Mode: ein Diktat, das wie eine Empfehlung aussieht.
Senta Berger, deutsche Schauspielerin (geb. 1941)

Mode ist, was man selber trägt. Was unmodern ist, tragen die anderen.
Oscar Wilde, englischer Schriftsteller (1854–1900)

Ihr Teint war wundervoll, mit der Zeit allerdings schwand er zusehends. Aber er ging nicht verloren – einen großen Teil fand ich auf meiner Schulter wieder.
Mark Twain, amerikanischer Schriftsteller (1835–1910)

Beim wunderbaren Gott – das Weib ist schön! (aus: *Don Karlos*)
Friedrich von Schiller, deutscher Dramatiker (1759–1805)

Das Fatalste aber am Schönheitsdiktat ist, dass die Frauen die Regeln nie selbst bestimmen können. Sie können sich ihnen nur beugen.
Alice Schwarzer, deutsche Journalistin und Autorin, Herausgeberin von »Emma« (geb. 1942)

Wenn eine Frau sehr oft in den Spiegel schaut, ist es vielleicht gar nicht Eitelkeit, sondern Tapferkeit.
Mark Twain, amerikanischer Schriftsteller (1835–1910)

Kunst, Malerei und Musik

Sie haben jetzt gesehen, was wir können; nun ist es an Ihnen, zu wollen. Und wenn Sie wollen, so haben wir eine Kunst.
Richard Wagner, deutscher Komponist (1813–1883)

Die Zeit ist kurz, die Kunst ist lang. (aus: *Faust I*)
Johann Wolfgang von Goethe, deutscher Dramatiker und Dichter (1749–1832)

Die Kunst geht nach Brot. (aus: *Emilia Galotti*)
Gotthold Ephraim Lessing, deutscher Dramatiker und Dichter (1729–1781)

Wussten Sie schon ...

Schon im 16. Jahrhundert war dieser Satz, wiedergegeben von Lessing in seinem Trauerspiel »Emilia Galotti« von 1772, ein Sprichwort. Lessing lässt im I. Akt, Szene 2, den Maler Conti so antworten, als der Prinz von Guastalla ihn begrüßt: »Guten Morgen, Conti. Wie leben Sie? Was macht die Kunst?«. Zitiert wird die Wendung auch heute noch, wenn man einen Zusammenhang zwischen Kunst und Kommerz herstellen will.

Kunst ist schön, macht aber viel Arbeit.
Karl Valentin, deutscher Komiker (1882–1948)

Ohne Freiheit keine Kunst; die Kunst lebt nur von den Beschränkungen, die sie sich selbst auferlegt, an den anderen geht sie zugrunde.
Albert Camus, frz. Schriftsteller und Philosoph (1913–1960)

Kunstwerke jedoch haben ihre Größe einzig daran, dass sie sprechen lassen, was die Ideologie verbirgt.
Theodor W. Adorno, deutscher Philosoph (1903–1969)

Alle Kunst ist zugleich Oberfläche und Symbol.
Oscar Wilde, englischer Schriftsteller (1854–1900)

Kunstwerke, die der Betrachtung und dem Gedanken ohne Rest aufgehen, sind keine.
Theodor W. Adorno, deutscher Philosoph (1903–1969)

Ein Kunstwerk ist ein Stück Natur, gesehen durch ein Temperament.
Emile Zola, französischer Romanschriftsteller (1840–1902)

Alle Kunstgattungen sind gut, mit Ausnahme der langweiligen …
Voltaire (eigentlich François Marie Arouet), französischer Philosoph und Schriftsteller (1694–1778)

Kunst kommt von Können. Käme es von Wollen, so hieße es Wulst.
Friedrich Nietzsche, deutscher Philosoph (1844–1900)

Die Notwendigkeit schafft die Form.
Wassilij Kandinsky, russischer Maler (1866–1944)

Geh du nur fort und male deine Gurke: Denn von dem da verstehst du nichts.
nach Cassius Dio, römischer Geschichtsschreiber (um 150–235 n. Chr.)

Wussten Sie schon …

Nach der Überlieferung durch den Historiker Cassius Dio beendete dieser unwirsche Verweis die Karriere des römischen Baumeisters Apollodorus (um 200). Kaiser Hadrian wollte bei der Neuanlage der Stadt Rom mitsprechen; genauer gesagt habe es sich um den Grundriss der Tempel der Venus und der Roma gehandelt. Erklärend wird hinzugefügt: »Und in der Tat hatte damals Hadrian eine Gurke gemalt, auf die er sich viel zugute tat.«

Wenn die Welt klar wäre, gäbe es keine Kunst.
Albert Camus, frz. Schriftsteller und Philosoph (1913–1960)

Kunst ist eine Entsagung, aber eine Entsagung, die alles empfängt.
Gottfried Benn, deutscher Lyriker und Arzt (1886–1956)

Ich betrachte die Musik als die Wurzel aller übrigen Künste.
Heinrich von Kleist, deutscher Dichter (1777–1811)

Dies Bildnis ist bezaubernd schön, / Wie noch kein Auge je gesehn!
Wolfgang Amadeus Mozart, österreichischer Komponist (1756–1791)

Ich kann nicht so viel Musik von Wagner anhören. Ich hätte sonst den Drang, Polen zu erobern.
Woody Allen, amerikanischer Regisseur, Schauspieler und Schriftsteller (geb. 1935)

Malen ist nicht schwierig, solange man nichts davon versteht. Wenn man diese Kunst aber begriffen hat, dann wird man gefordert!
Edgar Degas, französischer Maler (1834–1917)

Viele mögen sagen, ich könne nicht singen. Aber keiner kann behaupten, ich hätte es nicht versucht.
Florence Foster Jenkins, amerikanische Opernsängerin (1868–1944)

Biographisches

Florence Foster Jenkins war eine Operndiva von eigenen Gnaden, berühmt und respektiert als die schrecklichste und mutigste Opernsängerin, die je aufgetreten ist. Schon immer hatte sie Sängerin werden wollen, aber ihr schriller Sopran war durch keinen Unterricht der Welt zu verbessern. Doch sie war entschlossen, eines Tages die New Yorker *Carnegie Hall* zu füllen – und dank ihres Vermögens und der Unterstützung ihrer vielen aufrichtigen Bewunderer (darunter Enrico Caruso) gelang es ihr vier Wochen vor ihrem Tode, 76-jährig.

Ich glaube einfach an meine Genialität und habe nicht den geringsten Zweifel, dass die Muse immer wieder zu mir kommt und mich knutscht.
Udo Lindenberg, deutscher Sänger (geb. 1946)

Musik ist höhere Offenbarung als alle Weisheit und Philosophie.
Ludwig van Beethoven, deutscher Komponist (1770–1827)

Ein gutes Tier / ist das Klavier, / still, friedlich und bescheiden. / Und muss dabei / doch vielerlei / erdulden und erleiden.
Wilhelm Busch, deutscher Dichter und Maler (1832–1908)

Ein Genie braucht keine Psychoanalyse. Ich male meine Angstträume, meine Visionen, meine Halluzinationen und Komplexe.
Salvador Dalí, spanischer Maler (1904–1989)

Jedes Mal, wenn ich ein Porträt male, verliere ich einen Freund.
John Singer Sargent, amerikanischer Maler (1856–1925)

Die Poesie will den Geist verkörpern, die Musik das Sinnliche vergeistigen.
Franz Grillparzer, österreichischer Dichter (1791–1872)

Musik wird oft nicht schön gefunden, / Weil sie stets mit Geräusch verbunden.
Wilhelm Busch, deutscher Dichter und Maler (1832–1908)

Ohne Musik wäre das Leben ein Irrtum.
Friedrich Nietzsche, deutscher Philosoph (1844–1900)

Toscanini hat mir einmal gesagt: Dirigiere nie mit Brille. Das Orchester muss deine bösen Augen sehen!
Claudio Abbado, italienischer Dirigent (geb. 1933)

Die Musik über alles lieben, heißt unglücklich sein.
Paul Klee, deutscher Maler und Graphiker (1879–1940)

Französische Bonmots

Noblesse oblige.

(Adel verpflichtet.)

Pierre Marc Gaston Duc de Lévis (1764–1830)

Nul n'aura de l'esprit hors nous et nos amis.

(Keiner soll Geist haben außer uns und unseren Freunden!)

Molière (eigentlich Jean-Baptiste Poquelin), französischer Komödiendichter (1622–1673)

Ce que j'ai appris, je ne le sais plus. Le peu que je sais encore, je l'ai deviné.

(Was ich gelernt habe, das weiß ich schon nicht mehr. Das wenige, was ich noch weiß, habe ich erraten.)

Nicolas de Chamfort, französischer Schriftsteller (1741–1794)

Paris vaut bien une messe.

(Paris ist eine Messe wert.)

Heinrich IV. von Frankreich (1589–1610)
Als nach dem Niedergang des Hauses Valois 1589 das Haus Bourbon den Thron bestieg, musste der protestantische Heinrich IV., bisher so genannter »Zaunkönig« von Navarra, zum katholischen Glauben übertreten. Beim Einzug in Paris soll er diesen Ausspruch getan haben. Heute findet er vor allem in der Tourismuswerbung Verwendung, wird aber gelegentlich auch benutzt, um das Verhalten eines Opportunisten zu illustrieren.

Tout comprendre c'est tout pardonner.

(Alles Verstehen heißt alles verzeihn.)

Germaine Necker Baronne de Staël, französische Schriftstellerin (1766–1817)

... il y a fagots et fagots ...

(Zwischen Holz und Holz ist ein Unterschied ...)

Molière (eigentlich Jean-Baptiste Poquelin), französischer Komödiendichter (1622–1673)

Tant de bruit pour une omelette au lard!

(So viel Lärm um einen Eierkuchen mit Speck!)

Jaques Vallée, Seigneur Desbarreaux (1599–1673)
Vallée soll freitags, während ein Unwetter tobte, in einem Wirtshaus ein Omelett bestellt haben. Als der fromme Wirt, der das Fasten nicht brechen wollte, das Gericht nur widerwillig auftrug, donnerte es so heftig, dass er vor Schreck auf die Knie ging. Sein Gast ergriff mit diesen Worten den Eierkuchen und warf ihn zum Fenster hinaus.

... L'enfer, c'est les autres.

(... Die Hölle, das sind die andern.)

Jean-Paul Sartre, französischer Philosoph und Schriftsteller (1905–1980)

Mais où sont les neiges d'antan?

(Aber wo ist der Schnee vom vergangenen Jahr?)

François Villon, französischer Dichter (um 1431–1463)

**On ne voit bien qu'avec le coeur.
L'essentiel est invisible pour les yeux.**

(Man sieht nur mit dem Herzen gut.
Das Wesentliche ist für die Augen unsichtbar.)

Antoine de Saint-Exupéry, französischer Schriftsteller und Flieger (1900–1944)

Chevalier sans peur et sans reproche.

(Ritter ohne Furcht und Tadel.)

So lautete der Beiname des Ritters Pierre Baynard (1476–1524), dessen Lebensgeschichte 1527 veröffentlicht wurde. Der Name bezeichnet einen mutigen Mann mit ausgezeichneten Manieren, wird aber heute eher ironisch gebraucht.

**Quiconque n'a pas de caractère
n'est pas un homme, c'est une chose.**

(Wer keinen Charakter hat,
ist kein Mensch, nur eine Sache.)

Nicolas de Chamfort, französischer Schriftsteller (1741–1794)

Le soleil ni la morte ne se peuvent regarder fixement.

(Der Sonne und dem Tode kann man nicht unverwandt ins Auge schauen.)

François La Rochefoucauld,
französischer Schriftsteller (1613–1680)

Après nous le déluge!

(Nach uns die Sintflut!)

Jeanne Antoinette Poisson, Marquise de Pompadour
(1720–1764, nach der Schlacht bei Roßbach 1757)

J'accuse!

(Ich klage an!)

Emile Zola, französischer Romanschriftsteller (1840–1902)
Diese Überschrift trug ein Brief an den französischen Präsidenten, den Zola am 13.1.1898 in der Zeitschrift »Aurore« veröffentlichen ließ. Darin ergriff er leidenschaftlich Partei für den vom franz. Kriegsgericht in seinen Augen unschuldig verurteilten jüdischen Generalstabsoffizier Alfred Dreyfus. Man zitiert diese Worte, um nachdrücklich auf einen Missstand aufmerksam zu machen.

On revient toujours à ses premiers amours.

(Man kehrt immer wieder zu einer ersten Liebe zurück.)

Dieses Zitat stammt aus der komischen Oper »Jaconde ou les Coureurs d'aventures« des französischen Komponisten Niccolo Isouard. Den Text schrieb Charles Guillaume Etienne (1777/78–1845). Zitiert wird es nicht nur im Hinblick auf verflossene Lieben, sondern auch in Bezug auf jegliches Altvertraute, auf das man sich trotz oder gerade aufgrund neuartiger Erfahrungen besinnt.

Tous les hommes naissent sincères, et meurent trompeurs.

(Alle Menschen werden ehrlich geboren und sterben als Betrüger.)

Luc de Clapiers Vauvenargues,
französischer Moralist (1715–1747)

Le mieux est l'ennemi du bien.

(Das Bessere ist der Feind des Guten.)

Voltaire (eigentlich François Marie Arouet), französischer Philosoph und Schriftsteller (1694–1778)

Les grandes pensées viennent du coeur.

(Die großen Gedanken kommen von Herzen.)

Luc de Clapiers Vauvenargues, französischer Moralist (1715–1747)

Cherchez la femme!

(Suchen Sie die Frau!)

Alexandre Dumas d. Ä., französischer Schriftsteller (1802–1870) Dieses geläufige Zitat wird im Sinne von »Dahinter steckt bestimmt eine Frau« gebraucht. Es stammt aus Dumas' Drama »Les Mohicans de Paris«.

J'y suis et j'y resterai!

(Ich bin da und da bleibe ich!)

Marie Edme Patrice Maurice, Duc de Mac Mahon, französischer Marschall und Politiker (1808–1893)

Du sublime au ridicule il n'y a qu'un pas.

(Vom Erhabenen bis zum Lächerlichen ist es nur ein kleiner Schritt.)

Napoleon I., französischer Kaiser (1769–1821)

Honny soit qui mal y pense.

(Schmach dem, der Arges dabei denkt.)

Diese Worte sind der Wahlspruch des so genannten Hosenbandordens, der 1350 vom englischen König Eduard III. gestiftet wurde. Es handelt sich um die höchste Ehrenbezeugung, die England zu vergeben hat, und sein Zeichen ist ein schmales blaues Samtband mit goldener Ordensdevise, das von Herren unter dem linken Knie und von Damen am linken Oberarm getragen wird.

Literatur

Was zuweilen am meisten fesselt, sind die Bücher, die zum Widerspruch reizen, mindestens zum Ergänzen …
Max Frisch, schweizerischer Schriftsteller (1911–1991)

Die echten Schriftsteller sind die Gewissensbisse der Menschen.
Ludwig Feuerbach, deutscher Philosoph (1804–1872)

Es gibt kein moralisches oder unmoralisches Buch. Bücher sind gut oder schlecht geschrieben. Weiter nichts.
Oscar Wilde, englischer Schriftsteller (1854–1900)

Natürlich ist ein Buch Gegenstand der Zuneigung oder Abneigung. Man verliert, wie auch bei Frauen, oft die Geduld und langweilt sich.
Marcel Reich-Ranicki, deutscher Literaturkritiker (geb. 1920)

Man sollte sich vor Menschen hüten, die nur ein Buch gelesen haben.
Giacomo Casanova, italienischer Schriftsteller und Abenteurer (1725–1798)

Der Dichter ist außerhalb der Sprache, er sieht die Wörter verkehrt herum, als wenn er nicht zur Menschheit gehörte und, auf die Menschen zukommend, zunächst auf das Wort als eine Barriere stieße.
Jean-Paul Sartre, französischer Philosoph und Schriftsteller (1905–1980)

Große Literatur ist einfach Sprache, die bis zur Grenze des Möglichen mit Sinn geladen ist.
Ezra Pound, amerikanischer Dichter (1885–1972)

Ein anregendes Buch: eine Speise, die hungrig macht.
Marie von Ebner-Eschenbach, österreichische Schriftstellerin (1830–1916)

Dort, wo man Bücher verbrennt, verbrennt man am Ende auch Menschen.
Heinrich Heine, deutscher Dichter (1797–1856)

Ich glaube, es gibt kaum Schriftsteller, die mit ihrem Jahrhundert zufrieden waren.
Luc de Clapiers Vauvenargues, französischer Moralist (1715–1747)

Des vielen Büchermachens ist kein Ende.
Prediger 12,12 AT

Wussten Sie schon …

Zitiert werden die Worte des Predigers Salomo oft, um im Scherz auf die hohe Zahl von Neuerscheinungen, die jedes Jahr auf dem Buchmarkt veröffentlicht werden, hinzuweisen. Ursprünglich haben sie eine Mahnung zum Gegenstand: »Und über dem allen, mein Sohn, lass dich warnen; denn des vielen Büchermachens ist kein Ende, und viel Studieren macht den Leib müde. Lasst uns die Hauptsumme aller Lehre hören: ›Fürchte Gott und halte seine Gebote‹.«

Bücher sind die Lehrmeister ohne Stock und Rute, ohne Schreien und Zorn.
Karl Julius Weber, deutscher Jurist und Privatgelehrter (1767–1832)

Der Roman ist in der Regel wie ein lockrer Gesell, der unglaublich geschwind lebt, alt wird und stirbt.
Friedrich von Schlegel, deutscher Dichter und Philosoph (1772–1829)

Das bisschen, was ich lese, kann ich auch selber schreiben.
Bertold Brecht, deutscher Dichter und Dramaturg (1898–1956)

Bücher haben Ehrgefühl. Wenn man sie verleiht, kommen sie nicht mehr zurück.
Theodor Fontane, deutscher Dichter (1819–1898)

Jede Art zu schreiben ist erlaubt, nur nicht die langweilige.
Voltaire (eigentlich François Marie Arouet), französischer Philosoph und Schriftsteller (1694–1778)

Manieren und Umgangsformen

Die Grundlage guter Manieren ist Selbstvertrauen.
Ralph Waldo Emerson, amerikanischer Dichter und Philosoph (1803–1882)

Gib dich jeder Frau gegenüber so, als seiest du in sie verliebt, und jedem Mann, als sei er dir überlegen! Bald wirst du dich im Rufe des vollendeten Gentlemans befinden.
Oscar Wilde, englischer Schriftsteller (1854–1900)

Ich bin nicht Ihre »Süße«. Ich bin Ihre Königliche Hoheit!
Prinzessin Anne von England (geb. 1950)

Wussten Sie schon ...

Diese Worte galten einem Fotografen, der zu ihr gesagt hatte: »Look this way, love.« (»Schau mal da rüber, Süße.«)

Vor Zeiten stunden Junge den Alten höflich auf. / Jetzt heißt es: Junger sitze und alter Greiner lauf!
Friedrich Freiherr von Logau, schlesischer Barockdichter (1604–1655)

Erlaubt ist, was gefällt! (aus: *Torquato Tasso*)
Johann Wolfgang von Goethe, deutscher Dramatiker und Dichter (1749–1832)

Sich über ein Lob freuen ist bei manchen nur eine Höflichkeit des Herzens – und gerade das Gegenstück einer Eitelkeit des Geistes.
Friedrich Nietzsche, deutscher Philosoph (1844–1900)

Wussten Sie schon ...

Diese Ansicht findet sich im 4. Hauptstück von Nietzsches Schrift »Gut und Böse« von 1886. Auch Goethe verwendet den Begriff »Höflichkeit des Herzens«, und zwar im 2. Teil der »Wahlverwandtschaften« von 1809. Dort steht in Ottilies Tagebuch (5. Kapitel): »Es gibt eine Höflichkeit des Herzens, sie ist der Liebe verwandt.« Im Gegensatz zu nur nach außen getragener Förmlichkeit meint diese Wendung eine Höflichkeit, die von Herzen kommt.

Fast alle Menschen, die etwas taugen, haben einfache Manieren.
Giacomo Leopardi, italienischer Dichter (1798–1837)

Das große Geheimnis besteht nicht darin, Eliza, ob man schlechte oder gute Manieren hat oder ganz besondere Manieren hat, sondern nur darin, dass man für alle menschlichen Wesen die gleichen Manieren an den Tag legt. (aus: *Pygmalion*)
George Bernard Shaw, irischer Dramatiker (1856–1950)

Jeder Weltmann verkehrt lieber mit einem wohlerzogenen Bösewicht als mit einem schlecht erzogenen Heiligen.
Marie von Ebner-Eschenbach, österreichische Schriftstellerin (1830–1916)

Gewohnheiten sind Fingerabdrücke des Charakters.
Alfred Polgar, österreichischer Essayist und Kritiker (1873–1955)

Ob der Philipp heute still / wohl bei Tische sitzen will?
Dr. Heinrich Hoffmann, deutscher Arzt (1809–1894)

Biographisches

Die Geschichte vom Zappelphilipp, in der zweiten Auflage des »Struwwelpeter« 1846 veröffentlicht, gilt als klassische Darstellung der Hyperaktivität im Kindesalter. Forscher haben in Vita und Selbstzeugnissen des Psychiaters Heinrich Hoffmann viele Belege für die These gefunden, dass der Erfinder des Zappelphilipp selbst von der Aufmerksamkeitsdefizit/Hyperaktivitätsstörung (ADHS) betroffen war.

Das Höfliche, oft als leere Fratze verachtet, offenbart sich als eine Gabe der Weisen.
Max Frisch, schweizerischer Schriftsteller (1911–1991)

Eure Höflichkeit erfreut mich sehr. (aus: *Faust I*)
Johann Wolfgang von Goethe, deutscher Dramatiker und Dichter (1749–1832)

Takt besteht darin, dass man weiß, wieweit man zu weit gehen darf.
Jean Cocteau, französischer Filmregisseur und Schriftsteller (1889–1963)

Rücksicht ist Voraussicht.
Paul Ambroise Valéry, franz. Schriftsteller (1871–1945)

Selbst die Tugend beleidigt, wenn sie mit einer abstoßenden Manier verbunden ist.
Samuel Smiles, englischer Moralist (1812–1904)

Humor und Witz

Der schönste Mann der Welt taugt nichts, wenn er keinen Humor hat.
Madonna, amerik. Sängerin und Schauspielerin (geb. 1958)

Weil Kürze denn des Witzes Seele ist, / fass ich mich kurz. (aus: *Hamlet*)
William Shakespeare, englischer Dramatiker (1564–1616)

Wo Phantasie und Urteilskraft sich berühren, entsteht Witz, wo sich Vernunft und Willkür paaren, Humor.
Novalis (eigentlich Friedrich von Hardenberg), deutscher Schriftsteller (1772–1801)

Lieber einen Freund verlieren als einen Witz.
nach Quintilian (Marcus Fabius Quintilianus), römischer Redner (um 30–ca. 96)

Der Witz ist das einzige Ding, was umso weniger gefunden wird, je eifriger man es sucht.
Johann Peter Hebel, deutscher Dichter (1760–1826)

Ein Scherz, ein lachend Wort, entscheidet oft die größten Sachen treffender und besser als Ernst und Schärfe.
Horaz (Quintus Horatius Flaccus), römischer Dichter (65–8 v. Chr.)

Humor ist der Schwimmgürtel auf dem Strome des Lebens.
Wilhelm Raabe, deutscher Erzähler (1831–1910)

Wer Humor hat, der hat beinahe schon Genie. Wer nur Witz hat, der hat meistens nicht einmal den.
Arthur Schnitzler, österreichischer Schriftsteller (1862–1931)

Humor ist, wenn man trotzdem lacht.
Otto Julius Bierbaum, deutscher Schriftsteller (1856–1910)

Der Witz setzt immer ein Publikum voraus. Darum kann man den Witz auch nicht bei sich behalten. Für sich allein ist man nicht witzig.
Johann Wolfgang von Goethe, deutscher Dramatiker und Dichter (1749–1832)

Ohne ein bisschen Bosheit kann man unmöglich witzig sein.
Lord Thomas Macaulay, englischer Historiker (1800–1859)

Mit wenig Witz und viel Behagen …
Johann Wolfgang von Goethe, deutscher Dramatiker und Dichter (1749–1832)

Wussten Sie schon …

Diese Worte fallen im ersten Teil von Goethes »Faust« in der Szene »Auerbachs Keller«. Mephisto hat Faust, der sein Leben satt hat, aus seinem Studierzimmer dorthin entführt, und sagt ihm auch den Grund: »Ich muss dich nun vor allen Dingen / In lustige Gesellschaft bringen, / Damit du siehst, wie leicht sich's leben lässt. / Dem Volke wird hier jeder Tag ein Fest. / Mit wenig Witz und viel Behagen / Dreht jeder sich im engen Zirkeltanz, / Wie junge Katzen mit dem Schwanz.« Die Redensart wird benutzt, wenn eine kleinbürgerliche Atmosphäre eingefangen werden soll.

Kein Geist ist in Ordnung, dem der Sinn für Humor fehlt.
Samuel Taylor Coleridge, englischer Schriftsteller (1772–1843)

Der Humor trägt die Seele über Abgründe hinweg und lehrt sie mit ihrem eigenen Leid spielen.
Anselm Feuerbach, deutscher Maler (1829–1880)

Der Witz wird mit den Jahren stumpf, andere Kenntnisse bleiben.
Georg Christoph Lichtenberg, deutscher Schriftsteller und Physiker (1742–1799)

Es ist schlimm, in einem Lande zu leben, in dem es keinen Humor gibt. Aber noch schlimmer ist es, in einem Lande zu leben, in dem man Humor braucht.
Bertold Brecht, dt. Dichter und Dramaturg (1898–1956)

Schlaf und Traum

Wen man schlafen sah, den kann man nie mehr hassen.
Elias Canetti, bulgarischer Schriftsteller (1905–1994)

Eines Schattens Traum ist der Mensch.
Pindar, griechischer Dichter (um 518–438 v. Chr.)

Schlaf ich, so schlaf ich mir bequem, / arbeit ich, ja, ich weiß nicht wem.
Johann Wolfgang von Goethe, deutscher Dramatiker und Dichter (1749–1832)

Singet leise, leise, leise, / singt ein flüsternd Wiegenlied, / von dem Monde lernt die Weise, / der so still am Himmel zieht.
Clemens von Brentano, deutscher Dichter (1778–1842)

Ach, wie oft seh ich große Kunst und gut Ding im Schlaf, desgleichen mir wachend nit fürkommt.
Albrecht Dürer, deutscher Maler, Zeichner und Kupferstecher (1471–1528)

Ein Gott ist der Mensch, wenn er träumt, ein Bettler, wenn er nachdenkt.
Friedrich Hölderlin, deutscher Dichter (1770–1843)

Wenn Schlaf und Wachen ihr Maß überschreiten, sind beide böse.
Hippokrates, griechischer Arzt (um 460–370 v. Chr.)

Im Alter schläft man eigentlich nicht. Der Schlaf zieht sich nur über die Gegenstände des Tages wie eine Art von Flor und lässt sie durchscheinen.
Johann Wolfgang von Goethe, deutscher Dramatiker und Dichter (1749–1832)

Einst hatt ich einen schönen Traum; / Da sah ich einen Apfelbaum, / Zwei schöne Äpfel glänzten dran; / Sie reizten mich, ich stieg hinan.
Johann Wolfgang von Goethe, deutscher Dramatiker und Dichter (1749–1832)

Wussten Sie schon ...

Im ersten Teil von Goethes »Faust« beschreibt Faust diesen Traum in der Walpurgisnachtszene. Darauf entgegnet Mephisto maliziös: »Einst hatt ich einen wüsten Traum; / Da sah ich einen gespaltnen Baum, / Der hatt ein ungeheures Loch; / So groß es war, gefiel's mir doch.«

So wie nicht jeder träumt, der schläft, so schläft auch nicht jeder, der träumt.
Georg Christoph Lichtenberg, deutscher Schriftsteller und Physiker (1742–1799)

Schlaf ohne Traum dünkt uns das höchste Glück / nach eines sauren Tages Last und Plage.
George Gordon Lord Byron, englischer Dichter (1788–1824)

Manche Leute schlafen nur deshalb so gut, weil sie so langweilige Träume haben.
Germaine Necker Baronne de Staël, französische Schriftstellerin (1766–1817)

Denken ist die Arbeit des Intellekts, Träumen sein Vergnügen.
Victor Hugo, französischer Dichter (1802–1885)

Mein Herz im Traume Wunder sieht, / was nie geschah und nie geschieht.
Freidank, deutscher Spruchdichter (um 1230)

Schlafen kann ich, wenn ich tot bin.
Rainer Werner Fassbinder, deutscher Filmregisseur (1945–1982)

Der Traum ist der beste Beweis dafür, dass wir nicht so fest in unserer Haut eingeschlossen sind, wie es scheint.
Friedrich Hebbel, deutscher Dramatiker (1813–1863)

Was man mitunter im Wachen nicht genau weiß und fühlt – ob man gegen eine Person ein gutes oder ein schlechtes Gewissen habe –, darüber belehrt völlig unzweideutig der Traum.
Friedrich Nietzsche, deutscher Philosoph (1844–1900)

Wie schön, hier zu verträumen / Die Nacht im stillen Wald, / Wenn in den dunklen Bäumen / Das alte Märchen hallt.
Joseph Freiherr von Eichendorff, deutscher Schriftsteller (1788–1857)

Wir träumten voneinander / Und sind davon erwacht, / Wir leben, um uns zu lieben, / Und sinken zurück in die Nacht.
Friedrich Hebbel, deutscher Dramatiker (1813–1863)

Aber schlecht schläft es sich ohne einen guten Namen und einen kleinen Schatz.
Friedrich Nietzsche, deutscher Philosoph (1844–1900)

Der Schlaflose multipliziert die Ereignisse.
Hans Arndt, deutscher Schriftsteller (geb. 1911)

Mensch-liches

Was macht jedes Wesen einzigartig? Verschiedenste Charaktereigenschaften werden in ein fein abgestimmtes Zusammenspiel gebracht. Nicht immer entsteht dabei reiner Wohlklang ... doch alle haben wir die Fähigkeit, uns zu unserem Vorteil verändern zu können. Lassen Sie zum Beispiel einfach Keats' Worte über die Schönheit auf sich wirken ... danach ist man garantiert ein besserer Mensch.

Charakter und Persönlichkeit

Wie liebenswürdig ist der Mensch, wenn er Mensch ist.
Menander, griechischer Lustspieldichter (342–291 v. Chr.)

Der Charakter ist ein Fels, an welchem gestrandete Schiffe landen und anstürmende scheitern.
Immanuel Kant, deutscher Philosoph (1724–1804)

Jeder Mensch trägt einen Zauber im Gesicht: irgendeinem gefällt er.
Friedrich Hebbel, deutscher Dramatiker (1813–1863)

Stärke des Charakters ist oft nichts anderes als eine Schwäche des Gefühls.
Arthur Schnitzler, österreichischer Schriftsteller (1862–1931)

Höchstes Glück der Erdenkinder / Sei nur die Persönlichkeit.
Johann Wolfgang von Goethe, deutscher Dramatiker und Dichter (1749–1832)

Das Große ist nicht, dies oder das zu sein, sondern man selbst zu sein.
Søren Kierkegaard, dänischer Philosoph (1813–1855)

Eine Persönlichkeit ist der Ausgangs- und Fluchtpunkt alles dessen, was gesagt wird, und dessen, wie es gesagt wird.
Robert Musil, österreichischer Schriftsteller (1880–1942)

… aber die Person ist eine Summe von verschiedenen Möglichkeiten, meine ich, eine nicht unbeschränkte Summe, aber eine Summe, die über die Biographie hinausgeht. Erst die Varianten zeigen die Konstante.
Max Frisch, schweizerischer Schriftsteller (1911–1991)

Charakterfestigkeit heißt, die Wirkung der andern auf sich selbst erprobt haben.
Henri Stendhal (eigentlich Marie Henri Beyle), französischer Schriftsteller (1783–1842)

Durch Heftigkeit ersetzt der Irrende, / was ihm an Wahrheit und an Kräften fehlt.
Johann Wolfgang von Goethe, deutscher Dramatiker und Dichter (1749–1832)

Charakterlosigkeit ist ein Mythos, den biederere Individuen geschaffen haben, um damit die Faszinationskraft anderer Leute erklären zu können.
Oscar Wilde, englischer Schriftsteller (1854–1900)

Wenn unser Charakter ausgebildet ist, fängt leider unsere Kraft an, abzunehmen.
Johann Gottfried Seume, deutscher Schriftsteller (1763–1810)

Mein Name ist Hase, ich weiß von nichts.
Victor von Hase, deutscher Student (Lebensdaten unbekannt)

Biographisches

Dieser Satz drückt aus, dass man von einer Sache nichts weiß oder nichts damit zu tun haben will. Er geht auf den Heidelberger Studenten Victor von Hase zurück, der 1854/55 einem Kommilitonen, der einen anderen im Duell erschossen hatte, zur Flucht verhalf. Er überließ ihm seine Papiere, indem er sie absichtlich »verlor«. Die Flucht glückte, aber von Hases Papiere wurden gefunden. Er wurde vor das Universitätsgericht gebracht. Zu Beginn der Verhandlungen äußerte der Beschuldigte: »Mein Name ist Hase, ich verneine die Generalfragen, ich weiß von nichts.«

Seele und Selbsterkenntnis

»Wo gehen wir hin?« »Immer nach Hause.«
Novalis (eigentlich Friedrich von Hardenberg), deutscher Dichter und Schriftsteller (1772–1801)

Die Selbstkritik hat viel für sich. / Gesetzt dem Fall, ich tadle mich; / So hab' ich erstens den Gewinn, / Dass ich so hübsch bescheiden bin.
Wilhelm Busch, deutscher Dichter und Maler (1832–1908)

Sich beeilen nützt nichts. Zur rechten Zeit aufbrechen ist die Hauptsache.
Jean de La Fontaine, französischer Dichter (1621–1695)

Seele, vergiss sie nicht, / Seele, vergiss nicht die Toten!
Friedrich Hebbel, deutscher Dramatiker (1813–1863)

Die Achtung vor deinem eigenen Selbst ist zunächst der Religion der stärkste Damm gegen alle Laster.
Sir Francis Bacon, englischer Staatsmann und Philosoph (1561–1626)

O glücklich, wer noch hoffen kann / Aus diesem Meer des Irrtums aufzutauchen! (aus: *Faust I*)
Johann Wolfgang von Goethe, deutscher Dramatiker und Dichter (1749–1832)

Du musst jeden Tag deinen Feldzug gegen dich selbst führen.
Friedrich Nietzsche, deutscher Philosoph (1844–1900)

Alle halten die Gesellschaft für klüger als ihre Seele und wissen nicht, dass eine Seele – ihre Seele – weiser ist als alle Welt.
Ralph Waldo Emerson, amerikanischer Dichter und Philosoph (1803–1882)

Der Name ist ein Stück des Seins und der Seele.
Thomas Mann, deutscher Schriftsteller (1875–1955)

Große Seelen fallen am ersten in Selbstverachtung.
Jean Paul (eigentlich Johann Paul Friedrich Richter), deutscher Dichter (1763–1825)

Man muss sich täglich Rechenschaft ablegen.
Lucius Annaeus Seneca, römischer Dichter und Philosoph (um 4 v. Chr. – 65 n. Chr.)

Wir sind nichts. Was wir suchen, ist alles.
Novalis (eigentlich Friedrich von Hardenberg), deutscher Dichter und Schriftsteller (1772–1801)

Zwei Seelen wohnen, ach! in meiner Brust / Die eine will sich von der andern trennen.
Johann Wolfgang von Goethe, deutscher Dramatiker und Dichter (1749–1832)

Wussten Sie schon …

Dies ist wohl das bekannteste Zitat aus Goethes »Faust«. Faust führt einen Dialog mit seinem Famulus Wagner. Dieser äußert sich begeistert über die Freuden des Geistes, »von Buch zu Buch, von Blatt zu Blatt«. Faust entgegnet, dass er wohl jenen anderen Trieb nicht kenne, der den Menschen dazu drängt, »in derber Liebeslust sich an die Welt« zu klammern, und fügt dann bekennend die berühmt gewordene Einsicht an. Man zitiert sie, um zu illustrieren, dass man im Konflikt ist, da zwei Handlungsmöglichkeiten gleich attraktiv erscheinen.

Die Pflicht gegen sich selbst besteht darin, dass der Mensch die Würde der Menschheit in seiner eigenen Person bewahre.
Immanuel Kant, deutscher Philosoph (1724–1804)

Die Grenzen der Seele wirst du nicht finden, auch wenn du alle Wege durchwanderst. So tiefen Grund hat sie.
Heraklit, griechischer Philosoph (um 550–ca. 480 v. Chr.)

Wir sind leicht bereit, uns selbst zu tadeln. Unter der Bedingung, dass niemand einstimmt.
Marie von Ebner-Eschenbach, österreichische Schriftstellerin (1830–1916)

Große Seelen dulden still. (aus: *Don Karlos*)
Friedrich von Schiller, deutscher Dramatiker (1759–1805)

Ach, wir kennen uns wenig; / denn es waltet ein Gott in uns.
Friedrich Hölderlin, deutscher Dichter (1770–1843)

Seele des Menschen, / Wie gleichst du dem Wasser! / Schicksal des Menschen, / Wie gleichst du dem Wind!
Johann Wolfgang von Goethe, deutscher Dramatiker und Dichter (1749–1832)

Lebensweisheiten

Wenn ein Mann seine Meinung äußert, ist er ein Mann. Wenn eine Frau dasselbe tut, ist sie ein Miststück.
Bette Davis, amerikanische Schauspielerin (1908–1989)

Lebensfreude entsteht durch Frieden, der nicht statisch, sondern dynamisch ist.
Henry Miller, amerikanischer Schriftsteller (1891–1980)

Schläft ein Lied in allen Dingen die da träumen fort und fort, und die Welt hebt an zu singen, triffst du nur das Zauberwort.
Joseph Freiherr von Eichendorff, deutscher Schriftsteller (1788–1857)

Wie kurz ist das Leben, und warum wollen wir es mit unsern Beängstigungen noch mehr verkürzen?
Ludwig Tieck, deutscher Schriftsteller und Philologe (1773–1853)

Das Wichtigste im menschlichen Verkehr bleibt immer: die Leute bei schlechtem Gewissen zu erhalten.
Arthur Schnitzler, österreichischer Schriftsteller (1862–1931)

Biographisches

Schnitzler war der meist gespielte Dramatiker vor dem Ersten Weltkrieg. Von seinen Theaterstücken wie »Liebelei« (1895), »Reigen« (1900) oder »Leutnant Gustl« (1901), die das Leben der Gesellschaft im Wien der Vorkriegszeit psychologisch glänzend untermauert schildern, erlebten einige eine Renaissance als Fernsehspiele. Weniger bekannt ist, dass Schnitzler ausgebildeter Mediziner war, der als Arzt am Allgemeinen Krankenhaus und der Polizeiklinik in Wien praktizierte und eine eigene Praxis besaß.

Nach dem vierzigsten Jahr ändert keiner mehr seine Philosophie.
Wilhelm Busch, deutscher Dichter und Maler (1832–1908)

Das männliche Ego ist, bis auf wenige Ausnahmen, elefantös.
Bette Davis, amerikanische Schauspielerin (1908–1989)

Die Menschen, die nicht über den Sinn des Lebens nachdenken, sind die wahren Nutznießer auf Erden.
Hans Arndt, deutscher Schriftsteller (geb. 1911)

Man lebt nicht nur einmal.
Karl Kraus, österreichischer Publizist und Schriftsteller (1874–1936)

Lebenskunst besteht zu neunzig Prozent aus der Fähigkeit, mit Menschen auszukommen, die man nicht leiden kann.
Samuel Goldwyn, amerikanischer Filmproduzent (1882–1974)

Zärtlichkeit beweist mehr als das leidenschaftlichste Lippenbekenntnis.
Marlene Dietrich, deutsche Schauspielerin und Sängerin (1901–1992)

Wie es auch sei, das Leben, es ist gut.
Johann Wolfgang von Goethe, deutscher Dramatiker und Dichter (1749–1832)

Es ist viel schwerer, den Tag in wahrhafter Aufmerksamkeit und Wachsamkeit von Anfang bis Ende zu verleben, als ein Jahr in großen Absichten und hochfliegenden Plänen.
Christian Morgenstern, deutscher Schriftsteller (1871–1914)

Wir haben verlernt, die Augen auf etwas ruhen zu lassen. Deshalb erkennen wir so wenig.
Jean Giono, französischer Schriftsteller (1895–1970)

Nehmen Sie einem Durchschnittsmenschen die Lebenslüge, und Sie nehmen ihm zu gleicher Zeit das Glück. (aus: *Die Wildente*)
Henrik Ibsen, norwegischer Dichter und Dramatiker (1828–1906)

Lebensklugheit bedeutet: alle Dinge möglichst wichtig, aber keines völlig ernst nehmen.
Arthur Schnitzler, österreichischer Schriftsteller (1862–1931)

Wo viel Geld ist, geht immer ein Gespenst um …
Theodor Fontane, deutscher Dichter (1819–1898)

Prominente unter sich

Haben keine Mut an Worte! Ein Trainer seh, was passiert in Platz. Diese Spieler waren schwach wie eine Flasche leer. Offensiv! Offensiv is', wie wir maken in Platz. Is' klar diese Wörter, is' möglich versteh?

Giovanni Trappatoni, italienischer Fußballtrainer (Geburtsdatum nicht bekannt)

Ich kann nur kurze Sätze.

Franz Müntefering, deutscher Politiker (geb. 1940)

Mein Mann wird nie gefragt, wie er das schafft, Beruf und Kinder. So etwas fragen sie immer nur mich.

Senta Berger, österreichische Schauspielerin (geb. 1941)

Ich lerne nicht extra Französisch für die Spieler, wo dieser Sprache nicht mächtig sind.

Mario Basler, deutscher Fußballnationalspieler (geb. 1968)

Sie können einen Schriftsteller nicht nach dem fragen, was er unterlässt. Ich kenne einen Gärtner, der 55 Sorten Rhododendron gekreuzt hat – den habe ich auch nie gefragt, warum er nicht die Adenauer-Rose mit einer Teerose in Verbindung gebracht hat.

Siegfried Lenz, deutscher Schriftsteller (geb. 1926)

Mit dieser Karotte koche ich nicht.

Eckart Witzigmann, deutscher Starkoch (geb. 1941)

Nietzsche hat gesagt: Jeder Schlag eine Abwehr.

Arnold Schwarzenegger, amerikanischer Schauspieler und Gouverneur von Kalifornien (geb. 1947)

Wenn du aber öfter weggehst und hübsche Geschosse siehst, berührt dich das nicht mehr so.

Dieter Bohlen, deutscher Musikproduzent und Sänger (geb. 1954)

Ich hatte nie das Gefühl, ich muss gegen Männer ankämpfen. Eher, ich muss die etwas anheben.

Barbara Sukowa, deutsche Schauspielerin (geb. 1950)

In dieser Spannung zu leben kann auch sehr spannend sein.

Papst Johannes Paul II., (geb. 1920)

Im Lande Hegels ist die Realität unglaubwürdig.

Dagobert Lindlau, deutscher Schriftsteller und Fernsehjournalist (geb. 1930)

Mit wem soll ich telefonieren? Die Einzigen, für die ich noch den Hörer abnehmen würde, sind tot: Stevie Ray Vaughan und Jimi Hendrix.

Jeff Beck, amerikanischer Musiker (geb. 1944)

Ich fühle mich als Trinität.

Klausjürgen Wussow, deutscher Schauspieler (geb. 1929)

Und Christoph Daum ist sicher ein idealer Trainer, aber er hat den Makel der Vergangenheit, wenngleich niemand ohne Makel ist. Jesus war es vielleicht, aber der lebt auch nicht mehr, und die deutsche Nationalmannschaft würde er sicher auch nicht übernehmen.

Franz Beckenbauer, ehemaliger deutscher Nationalspieler und Fußballfunktionär (geb. 1945)

Jede Frau hat Vorteile, Nachteile und Hinterteile.

Tomi Ungerer, amerikanischer Cartoonist (geb. 1931)

Mutterinstinkt? Da wüsste ich nicht, was das ist. Ich hab ’nen Nina-Hagen-Instinkt.

Nina Hagen, deutsche Rocksängerin (geb. 1955)

Optimismus und Pessimismus

Die optimistische Natur hat ihr Glück schon im Lebensgefühl, die pessimistische erst im Glück. Dieser empfindet das Leben erst im Glück – und jener das Glück schon im Leben.
Friedrich Nietzsche, deutscher Philosoph (1844–1900)

Lass ab von diesem Zweifeln, Klauben, / Vor dem das Beste selbst zerfällt, / Und wahre dir den vollen Glauben / An diese Welt *trotz* dieser Welt.
Theodor Fontane, deutscher Dichter (1819–1898)

Der Pessimismus ist eine Art geistige Trunksucht; er verschmäht gesunde Nahrung, frönt dem Genuss des Haderns und Anklagens und bringt sich künstlich in einen Zustand der Niedergeschlagenheit, der ihn nach stärkeren Mitteln greifen lässt.
Rabindranath Tagore, indischer Dichter (1861–1941)

Einem einsamen Mensch folgt immer eins aus dem anderen und denkt alles zum Ärgsten.
Martin Luther, deutscher Theologe (1483–1546)

Optimismus: die Torheit zu behaupten, dass alles gut sei, wenn es schlecht ist.
Voltaire (eigentlich François Marie Arouet),
französischer Philosoph und Schriftsteller (1694–1778)

Ein Optimist ist in der Regel ein Zeitgenosse, der ungenügend informiert ist.
John B. Priestley, englischer Schriftsteller (1894–1984)

Ich bin Pessimist für die Gegenwart, aber Optimist für die Zukunft.
Wilhelm Busch, deutscher Dichter und Maler (1832–1908)

Ein Optimist ist jemand, der genau weiß, wie traurig die Welt sein kann, während der Pessimist täglich neu zu dieser Erkenntnis gelangt.
Sir Peter Ustinov, britischer Schauspieler und Schriftsteller (1921–2004)

Pessimisten sind die wahren Lebenskünstler, denn nur sie erleben angenehme Überraschungen.
Marcel Proust, französischer Schriftsteller (1871–1922)

Willst du immer weiter schweifen?/Sieh, das Gute liegt so nah./Lerne nur das Glück ergreifen,/Denn das Glück ist immer da.
Johann Wolfgang von Goethe, deutscher Dramatiker und Dichter (1749–1832)

Sobald ein Optimist ein Licht erblickt, das es gar nicht gibt, findet sich ein Pessimist, der es wieder ausbläst.
Giovanni Guareschi, italienischer Schriftsteller (1908–1968)

Biographisches

Wer kennt ihn nicht, den streitbaren Diener Gottes aus einem kleinen Dorf in Italien, »irgendwo zwischen Fluss und Gebirge«, der mit seinem Herrn auf »Du und Du« steht? Guareschi schuf die köstlichen Episoden um Don Camillo und seinen Gegenspieler, dem kommunistischen Bürgermeister Peppone in seinem Roman »Don Camillo und Peppone« von 1948.

Für den Optimisten ist das Leben kein Problem, sondern bereits die Lösung.
Marcel Pagnol, frz. Schriftsteller und Dramatiker (1895–1974)

Die große Mode ist jetzt pessimistischer Optimismus. Es ist zwar alles heilbar, aber nichts heil.
Ludwig Marcuse, deutscher Schriftsteller (1894–1971)

Es gibt keinen traurigeren Anblick als einen jungen Pessimisten – mit Ausnahme eines alten Optimisten.
Mark Twain, amerikanischer Schriftsteller (1835–1910)

Wenn man sich erst an den Pessimismus gewöhnt hat, dann ist er genauso angenehm wie der Optimismus.
Arnold Bennett, englischer Schriftsteller (1867–1931)

Die glücklichen Pessimisten! Welche Freude empfinden sie, sooft sie bewiesen haben, dass es keine Freude gibt!
Marie von Ebner-Eschenbach, österreichische Schriftstellerin (1830–1916)

Das Schlimmste fürchten, heilt oft das Schlimmste. (aus: *Troilus und Cressida*)
William Shakespeare, englischer Dramatiker (1564–1616)

Gelassenheit und Geduld

Du hast bei der besten Sache schon halb verloren, wenn du nicht kaltblütig bleibst.
Adolf Freiherr von Knigge, deutscher Schriftsteller (1752–1796)

Die höchste Krone des Helden ist die Besonnenheit mitten in Stürmen der Gegenwart.
Jean Paul (eigentlich Johann Paul Friedrich Richter), deutscher Dichter (1763–1825)

Was in der Welt / dir nicht gefällt, / musst du dir gelassen / gefallen lassen.
Paul von Heyse, deutscher Schriftsteller (1830–1914)

Besonnenheit ist die Vernunft der Politik.
Léon Gambetta, französischer Staatsmann (1838–1882)

Es ist gut, das Schicksal mit heiter bewundernder Ruhe anzuschauen, das eigene auch.
Thomas Mann, deutscher Schriftsteller (1875–1955)

Es gibt keine einfachen Lösungen für sehr komplizierte Probleme. Man muss den Faden geduldig entwirren, damit er nicht reißt.
Michail Gorbatschow, sowjetischer Politiker (geb. 1931)

Besonnenheit ist die seidene Schnur, die durch die Perlenkette aller Tugenden läuft.
Thomas Fuller, englischer Prediger (1608–1661)

Auf diese Weise vollbringt man große Dinge. Warum? Man hat ein gewisses Gefühl, kommen zu lassen, was mag.
Vincent van Gogh, niederländischer Maler (1853–1890)

Stärke und Schönheit sind die Vorzüge der Jugend, des Alters Blüte ist aber die Besonnenheit.
Demokrit, griechischer Philosoph (um 460–ca. 370 v. Chr)

Geduld ist die Tugend der Revolutionäre.
Rosa Luxemburg, sozialistische Politikerin (1870–1919)

Die Gelassenheit ist eine anmutige Form des Selbstbewusstseins.
Marie von Ebner-Eschenbach, österreichische Schriftstellerin (1830–1916)

Auf dieser Welt muss entweder bald gestorben oder geduldig gelebt werden.
Martin Luther, deutscher Theologe (1483–1546)

Geduld: eine milde Form der Verzweiflung, verkleidet als Tugend.
Ambrose Bierce, amerikanischer Schriftsteller (1842–1914)

Man möge bedenken, dass man andere ertragen soll, wie man selbst ertragen zu werden wünscht.
Jeremias Gotthelf (eigentlich Albert Bitzius), schweizerischer Schriftsteller (1797–1854)

Geduld ist die Kunst zu hoffen.
Luc de Clapiers Vauvenargues, französischer Moralist (1715–1747)

Das Unerwartete zu erwarten, verrät einen durchaus modernen Geist.
Oscar Wilde, englischer Schriftsteller (1854–1900)

Gott gebe mir die Gelassenheit, Dinge hinzunehmen, die ich nicht ändern kann, den Mut, Dinge zu ändern, die ich ändern kann, und die Weisheit, das eine vom anderen zu unterscheiden.
Friedrich Christoph Oetinger, deutscher Theologe (1702–1782)

Stolz und Demut

Übrigens sind diese Affekte, nämlich Demut und Kleinmut, sehr selten, denn die menschliche Natur widerstrebt ihnen.
Baruch de Spinoza, niederländischer Philosoph (1632–1677)

Der Stolz frühstückt mit dem Überfluss, speist zu Mittag mit der Armut und isst zu Abend mit der Schande.
Benjamin Franklin, amerikanischer Staatsmann und Schriftsteller (1706–1790)

Der Stolz, eine edle Leidenschaft, ist nicht blind gegen eigene Fehler, aber der Hochmut ist es.
Georg Christoph Lichtenberg, deutscher Schriftsteller und Physiker (1742–1799)

Die Demut ehre du, und zu der Demut Ehren / Sei gegen Stolze stolz, um Demut sie zu lehren.
Friedrich Rückert, deutscher Dichter (1788–1866)

Und Hochmut ists, wodurch die Engel fielen, / Woran der Höllengeist die Menschen fasst.
Friedrich von Schiller, deutscher Dramatiker (1759–1805)

Wussten Sie schon ...

Die Verse sind aus dem Prolog von Schillers Drama »Die Jungfrau von Orléans« von 1802. Sie greifen den Gedanken des alttestamentarischen Spruches Salomons (16,18) wieder auf: »Denn Hochmut tut nimmer gut, und kann nichts denn Arges daraus erwachsen.« Im biblischen Sinne bedeutet »Hochmut« die Selbstüberhebung des Menschen gegenüber Gott. Eine Freveltat, die schlimme Folgen hat. Heute wird meist die Abwandlung: »Hochmut kommt vor dem Fall« zitiert.

Die wohlfeilste Art des Stolzes ist der Nationalstolz. Denn er verrät in dem Behafteten den Mangel an individuellen Eigenschaften, auf die er stolz sein könnte, indem er sonst nicht zu dem greifen würde, was er mit so vielen Millionen teilt.
Arthur Schopenhauer, deutscher Philosoph (1788–1860)

Wer seines Glücks sich überschätzt, / wähnt sich auf höchsten Thron gesetzt, / den trifft der Hammer doch zuletzt.
Sebastian Brant, deutscher Humanist und Dichter (1457/58–1521)

Niemand hat mehr Feinde auf der Welt als ein aufrechter und stolzer Mensch. Er nimmt Personen und Dinge, wie sie sind, und nicht, wie sie sein wollen.
Nicolas de Chamfort, französischer Schriftsteller (1741–1794)

Demut ist die dem Menschen eigentümliche Würde vor Gott.
Gertrud von Le Fort, deutsche Schriftstellerin (1876–1971)

Das Einzige, was uns das ganze Leben hindurch aufrecht erhält, ist die Überzeugung von der Inferiorität der anderen.
Oscar Wilde, englischer Schriftsteller (1854–1900)

Große Menschen sind stolz, kleine eitel.
George Gordon Lord Byron, englischer Dichter (1788–1824)

Demut macht bereit für die Weisheit.
Thomas von Aquin, italienischer Kirchenlehrer (1225–1274)

Manche Hähne glauben, dass die Sonne ihretwegen aufgeht.
Theodor Fontane, deutscher Dichter (1819–1898)

Demut ist schließlich nichts als Einsicht.
Hermann Bahr, österreichischer Schriftsteller (1863–1934)

Klugheit und Scharfsinn

Man meint immer, man müsse alt werden, um gescheit zu sein. Im Grunde aber hat man bei zunehmenden Jahren zu tun, sich so klug zu erhalten, als man gewesen ist.
Johann Wolfgang von Goethe, deutscher Dramatiker und Dichter (1749–1832)

Wünsche Dir nicht zu scharf das Auge; denn wenn Du die Toten in der Erde erst siehst, siehst Du die Blumen nicht mehr.
Friedrich Hebbel, deutscher Dramatiker (1813–1863)

Seid klug wie die Schlangen und ohne Falsch wie die Tauben.
Mt 10, 16

Insofern wir scharfsinnig sind, liegen wir einander beständig in den Haaren. Tiefsinn aber macht verträglich.
Friedrich Heinrich Jacobi, deutscher Philosoph (1743–1819)

Nur die allergescheitesten Leute benützen ihren Scharfsinn zur Beurteilung nicht bloß anderer, sondern auch ihrer selbst.
Marie von Ebner-Eschenbach, österreichische Schriftstellerin (1830–1916)

Klugheit und Liebe sind nicht füreinander gemacht. Wächst die Liebe, so schwindet die Klugheit.
François La Rochefoucauld, französischer Schriftsteller (1613–1680)

Nicht die vielen Worte verraten kluges Urteil. Such ein Weises, wähl ein Gutes. Sonst wirst du nur wüstredende Zungen der Schwätzer lockern.
Thales von Milet, griechischer Naturphilosoph (um 625–546 v. Chr.)

Der Scharfsinn verlässt geistreiche Männer am wenigsten, wenn sie unrecht haben.
Johann Wolfgang von Goethe, deutscher Dramatiker und Dichter (1749–1832)

Die Klugheit eines Menschen lässt sich aus der Sorgfalt ermessen, womit er das Künftige oder das Ende bedenkt. *Respice finem.* (Bedenke das Ende.)
Georg Christoph Lichtenberg, deutscher Schriftsteller und Physiker (1742–1799)

Klugheit ist oft lästig wie ein Nachtlicht im Schlafzimmer.
Ludwig Börne, deutscher Schriftsteller und Theaterkritiker (1786–1837)

Scharfsinn ohne Empfindung ist Mühlstein ohne Korn.
Jean Paul (eigentlich Johann Paul Friedrich Richter), deutscher Dichter (1763–1825)

Das einzig Intelligente an ihm ist sein Weisheitszahn.
Mark Twain, amerikanischer Schriftsteller (1835–1910)

Die klügsten Leute können solche dummen Gesichter machen, die hinlänglich beweisen, wie sehr alles pathognomisch ist.
Georg Christoph Lichtenberg, deutscher Schriftsteller und Physiker (1742–1799)

Es nützt nichts, geistreich zu sein, wenn man gedankenarm ist.
Friedrich Nietzsche, deutscher Philosoph (1844–1900)

Klugheit genügt nicht zur Erlangung von Reichtum, Dummheit hindert nicht am Erfolg; diesen Verlauf des Weltlaufes begreift der Weise und nicht der Tor.
Mahâbhârata, Nationalepos der Inder, Buch 12 (400 v. Chr. – 400 n. Chr.)

Wussten Sie schon …

Dieses Epos entstand 8 Jahrhunderte hinweg. In mehr als hunderttausend Doppelversen schildert es den heldenhaften Kampf zweier arischer Stämme bei der Invasion Indiens. In einzelnen Partien, besonders der berühmten *Bhagavad-Gita*, der »vom Erhabenen verkündeten Geheimlehre«, werden die drei wichtigsten Wege zur Erlösung der indischen Philosophie zur Synthese gebracht. Es sind diese: selbstloses Tun, Erkennen und Liebeshingabe *(bhakti)*.

Der kluge Mann baut vor.
Friedrich von Schiller, deutscher Dramatiker (1759–1805)

Nur ein Unvorsichtiger wagt vor Leuten, die er nicht kennt, Geist zu haben.
Claude Adrien Helvétius, französischer Philosoph (1715–1771)

Der Nachteil der Intelligenz besteht darin, dass man pausenlos dazulernen muss.
George Bernard Shaw, irischer Dramatiker (1856–1950)

Denken und Lernen

Um schwimmen zu lernen, muss ich ins Wasser gehen, sonst lerne ich nichts.
August Bebel, Mitbegründer der Sozialdemokratischen Arbeiterpartei (1840–1913)

Auch ist das Suchen und Irren gut, denn durch Suchen und Irren lernt man.
Johann Wolfgang von Goethe, deutscher Dramatiker und Dichter (1749–1832)

Der Denker braucht grade ein solches Licht wie der Maler: hell, ohne unmittelbaren Sonnenschein oder blendende Reflexe, und, wo möglich, von oben herab.
Friedrich von Schlegel, deutscher Dichter und Philosoph (1772–1829)

Ich sehe überhaupt, dass es zunächst nichts als Lernen, Lernen und wieder Lernen gibt. Daraus ergibt sich alles weitere von selbst.
Christian Morgenstern, deutscher Schriftsteller (1871–1914)

Es ist falsch zu sagen: Ich denke. Es müsste heißen: Man denkt mich.
Arthur Rimbaud, französischer Dichter (1854–1891)

Ausbildung heißt, das zu lernen, von dem du nicht einmal wusstest, dass du es nicht wusstest.
Ralph Waldo Emerson, amerikanischer Dichter und Philosoph (1803–1882)

Es ist des Lernens kein Ende.
Robert Schumann, deutscher Komponist (1810–1856)

Denn man hört nie auf, erziehungsfähig zu sein; ich gehe noch jetzt in die Schule und lerne von Leuten, die meine Enkel sein könnten.
Theodor Fontane, deutscher Dichter (1819–1898)

Ihrer viel wissen viel, aber sich selbst hat niemand ausgelernt.
Heinrich IV., römisch-deutscher König und Kaiser (1050–1106)

Biographisches

Durch eine dreitägige Buße in Canossa (Italien) vor Papst Gregor VII. 1077 erreichte Heinrich IV. die Lossprechung vom Kirchenbann. Der Begriff »Canossagang« oder »Gang nach Canossa« ist seither zum geflügelten Wort für einen Bittgang, der mit persönlicher Demütigung verbunden ist, geworden.

Zum steten Lernen bleibt auch das Alter jung.
Aischylos, griechischer Dichter (525–456 v. Chr.)

Manche Menschen würden eher sterben als nachdenken. Und sie tun es auch.
Bertrand Russell, englischer Philosoph und Sozialkritiker (1872–1970)

Denken ist Reden mit sich selbst.
Immanuel Kant, deutscher Philosoph (1724–1804)

Wer glücklich ist, fühlt; wer unglücklich ist, denkt.
Joachim Fernau, deutscher Schriftsteller (1909–1988)

Langsam wird man durch schöne Lehren belehrt, schnell und wirksam durch drastische Beispiele.
Friedrich von Schlegel, deutscher Dichter und Philosoph (1772–1829)

Ich denke, also bin ich.
René Descartes, französischer Philosoph, Mathematiker und Naturwissenschaftler (1596–1650)

Viel lernen und nachher viel wissen, das ist keine Kunst; ich habe nichts gelernt und weiß doch eine Menge, da kann man von Kunst reden.
Johann Nepomuk Nestroy, österreichischer Schriftsteller (1801–1862)

Wer aus den Büchern nicht mehr lernt als was in Büchern steht, der hat die Bücher nicht halb genutzt.
Gotthold Ephraim Lessing, deutscher Dramatiker und Dichter (1729–1781)

In älteren Jahren nichts mehr lernen können, hängt mit dem in älteren Jahren sich nicht mehr befehlen lassen wollen zusammen, und zwar sehr genau.
Georg Christoph Lichtenberg, deutscher Schriftsteller und Physiker (1742–1799)

Kläglich ist der Schüler, der seinen Meister nicht übertrifft.
Leonardo da Vinci, italienischer Maler, Bildhauer und Naturforscher (1452–1519)

An sich ist nichts weder gut noch böse, / Das Denken macht es erst dazu.
William Shakespeare, englischer Dramatiker (1564–1616)

Daher ist die Aufgabe nicht nur zu sehen, was noch keiner gesehen hat, als auch bei dem, was jeder sieht, zu denken, was noch keiner gedacht hat.
Arthur Schopenhauer, deutscher Philosoph (1788–1860)

Faulheit und Langeweile

Müßiggang ist aller Laster Anfang? O nein. Er ist das reine Glück.
Elke Heidenreich, deutsche Schriftstellerin und Kolumnistin (geb. 1943)

Geist ist die Voraussetzung der Langeweile!
Max Frisch, schweizerischer Schriftsteller (1911–1991)

Ist jemand faul und dumm, dann wird nichts aus ihm. Ist jemand dumm und fleißig, dann muss man ihn von allen wichtigen Aufgaben fernhalten. Ist jemand faul und klug, dann ist er geeignet für die höchsten Positionen.
Helmuth Graf von Moltke, preußischer Generalfeldmarschall (1800–1891)

Niemand hetzt andere so wie die Faulen, wenn sie ausgefaulenzt haben, damit sie fleißig erscheinen.
François La Rochefoucauld, französischer Schriftsteller (1613–1680)

Der alte Mann, der sein Leben in Müßiggang zubrachte. Ein solcher Mensch hat nicht gelebt, sondern sich nur im Leben aufgehalten und er ist nicht spät gestorben, sondern lange.
Lucius Annaeus Seneca, römischer Dichter und Philosoph (um 4 v. Chr. – 65 n. Chr.)

Wie die Not die beständige Geißel des Volkes ist, so die Langeweile die der vornehmen Welt.
Arthur Schopenhauer, deutscher Philosoph (1788–1860)

Langeweile! Du bist die Mutter der Musen.
Johann Wolfgang von Goethe, deutscher Dramatiker und Schriftsteller (1749–1832)

Zum Teufel ist der Spiritus, das Phlegma ist geblieben.
Friedrich von Schiller, deutscher Dramatiker (1759–1805)

Morgen, morgen! Nur nicht heute! / Sprechen immer träge Leute.
Christian Felix Weiße, deutscher Schriftsteller und Lyriker (1726–1804)

Wussten Sie schon ...

Mit diesen Worten beginnt Weißes Lied »Der Aufschub«, enthalten in den »Kleinen Liedern für Kinder«, wo es weiter heißt: »Morgen! Heute will ich ruhn / morgen jene Lehre fassen, / Morgen jenen Fehler lassen, / morgen dies und jenes tun!« Heute werden diese Worte in der Abwandlung »Morgen, morgen, nur nicht heute / sagen alle faulen Leute« zitiert.

Nichtstun ist eine der größten und verhältnismäßig leicht zu beseitigenden Dummheiten.
Franz Kafka, deutscher Schriftsteller (1883–1924)

Jeder Mensch kommt mit einer sehr großen Sehnsucht nach Herrschaft, Reichtum und Vergnügen sowie mit einem starken Hang zum Nichtstun auf die Welt.
Voltaire (eigentlich François Marie Arouet), französischer Philosoph und Schriftsteller (1694–1778)

Steril ist, dem nichts einfällt. Langweilig ist, wer ein paar alte Gedanken hat, die ihm alle Tage neu einfallen.
Marie von Ebner-Eschenbach, österreichische Schriftstellerin (1830–1916)

Der Mensch hat aus lauter Faulheit das Gespräch mit Gott aufgegeben.
Theresa von Avila, spanische Mystikerin (1515–1582)

Das Geheimnis zu langweilen besteht darin alles zu sagen.
Voltaire (eigentlich François Marie Arouet), französischer Philosoph und Schriftsteller (1694–1778)

Tugend und Moral

Das ist die Wetterseite meiner moralischen Konstitution, da kann ich was aushalten.
Georg Christoph Lichtenberg, deutscher Schriftsteller und Physiker (1742–1799)

Einige Tugenden werden belohnt, andere verziehen.
Friedrich Gottlieb Klopstock, deutscher Dichter (1724–1803)

Tugend ist zur Energie gewordene Vernunft.
Baruch de Spinoza, niederländischer Philosoph (1632–1677)

Handle stets so, dass die Maxime deines Willens zugleich als Prinzip einer allgemeinen Gesetzgebung gelten könnte.
Immanuel Kant, deutscher Philosoph (1724–1804)

Die Tugend würde bald versagen, wenn ihr die Eitelkeit nicht zur Seite stünde.
François La Rochefoucauld, französischer Schriftsteller (1613–1680)

Moral ist einfach die Haltung, die wir gegen Leute einnehmen, von denen wir persönlich nicht erbaut sind.
Oscar Wilde, englischer Schriftsteller (1854–1900)

Man spricht selten von der Tugend, die man hat, aber desto öfter von der, die uns fehlt. (aus: *Minna von Barnhelm*)
Gotthold Ephraim Lessing, deutscher Dramatiker und Dichter (1729–1781)

Das Moralische versteht sich immer von selbst.
Friedrich Theodor Vischer, deutscher Schriftsteller und Philosoph (1807–1887)

Wussten Sie schon ...

Dieser Lieblingssatz des Protagonisten A. E. in Vischers Roman »Auch einer« (1879) verweist ironisch darauf, dass Zweifel an den Grundsätzen der herrschenden Moral nicht statthaft, ja fast schon unmoralisch sind.

Die Moral ist dieselbe bei allen Menschen; also kommt sie von Gott. Der Kultus ist verschieden, also ist es Menschenwerk.
Voltaire (eigentlich François Marie Arouet), französischer Philosoph und Schriftsteller (1694–1778)

Echte Moral und Moralität ist von keiner Religion abhängig, wiewohl jede sie sanktioniert und ihr dadurch eine Stütze gewährt.
Arthur Schopenhauer, deutscher Philosoph (1788–1860)

Tugenden! Wer weiß, was Tugenden sind, du nicht, ich nicht, niemand.
Oscar Wilde, englischer Schriftsteller (1854–1900)

Moralisten sind Menschen, die sich dort kratzen, wo es andere juckt.
Samuel Beckett, irischer Schriftsteller (1906–1989)

Moral predigen ist leicht, Moral begründen schwer.
Arthur Schopenhauer, deutscher Philosoph (1788–1860)

Hart kann die Tugend sein, doch grausam nie, unmenschlich nie. (aus: *Don Karlos*)
Friedrich von Schiller, deutscher Dramatiker (1759–1805)

Tugenden und Mädchen sind am schönsten, ehe sie wissen, dass sie schön sind.
Ludwig Börne, deutscher Schriftsteller und Theaterkritiker (1786–1837)

Es muss was Schöns sein um die Tugend, Herr Hauptmann. Aber ich bin ein armer Kerl.
Georg Büchner, deutscher Dichter (1813–1837)

Wussten Sie schon ...

Das Zitat aus dem »Woyzeck« ist die Antwort des armen, ungebildeten, den Schikanen seiner Dienstherren ausgelieferten Soldaten Woyzeck auf Vorhaltungen des Hauptmanns, er habe keine Moral, da er mit seiner Geliebten unverheiratet zusammenlebe.

Unter Moral verstehe ich das reelle Produkt zweier imaginärer Größen. Die imaginären Größen sind Sollen und Wollen.
Frank Wedekind, deutscher Schriftsteller (1864–1918)

Fehler und Laster

Wir sind gegen keine Fehler an anderen intoleranter, als welche die Karikatur unserer eigenen sind.
Franz Grillparzer, österreichischer Dichter (1791–1872)

Wenn das Laster großartig, wird es minder empörend.
Heinrich Heine, deutscher Dichter (1797–1856)

Die das Laster liebenswürdig machen, schätze ich doch höher als die, welche die Tugend erniedrigen.
Joseph Joubert, französischer Moralist (1754–1824)

Es gibt vielleicht Frauen ohne Fehler. Aber es gibt sicher Frauen, deren größter Reiz in der Vollkommenheit ihrer Fehler liegt.
Gustave Flaubert, französischer Schriftsteller (1821–1880)

Ein angenehmes Laster ist einer langweiligen Tugend bei weitem vorzuziehen.
Molière (eigentlich Jean-Baptiste Poquelin),
französischer Komödiendichter (1622–1673)

Jeder Fehler erscheint unglaublich dumm, wenn andre ihn begehen.
Georg Christoph Lichtenberg, deutscher Schriftsteller und Physiker (1742–1799)

Durch zerlumpte Kleider sieht man die kleinsten Laster; lange Röcke und Pelzmäntel verdecken alles.
William Shakespeare, englischer Dramatiker (1564–1616)

Man fällt nicht über seine Fehler. Man fällt immer über seine Feinde, die diese Fehler ausnützen.
Kurt Tucholsky, deutscher Schriftsteller (1890–1935)

Der kluge Mann macht nicht alle Fehler selber. Er gibt anderen auch eine Chance!
Sir Winston Churchill, englischer Staatsmann (1874–1965)

Manchen Menschen fehlen nur einige Laster, um vollkommen zu sein.
Marie de Sévigné, französische Schriftstellerin (1626–1696)

Einen Fehler will meiden der Tor und rennt in den andern.
Horaz (Quintus Horatius Flaccus), röm. Dichter (65–8 v. Chr.)

Den Lasterhaften tadelt oft, wer ihn beneidet.
Wilhelm Busch, deutscher Dichter und Maler (1832–1908)

Eines Fehlers wegen entsagt man keinem Mann.
Gotthold Ephraim Lessing, deutscher Dramatiker und Dichter (1729–1781)

Wussten Sie schon ...

Dies sagt Minna, die Heldin in Lessings Schauspiel »Minna von Barnhelm« zu ihrer Zofe Franziska. Mit »Fehler« ist der Stolz des Majors Tellmann gemeint. Er glaubt aus gekränktem Ehrgefühl, ihrer Liebe nicht mehr wert zu sein. Mit dem Zitat wird einer Frau zu Besonnenheit geraten, wenn ihre Beurteilung männlicher Charakterschwäche zu hart auszufallen droht.

Der Mensch möchte gern vor den Folgen seiner Laster bewahrt werden, aber nicht vor den Lastern selbst.
Ralph Waldo Emerson, amerikanischer Dichter und Philosoph (1803–1882)

Körper und Gesundheit

Laut Statistik verbringen die Männer täglich sechs Minuten im Bad. Frauen dagegen 38 Minuten: acht Minuten zum Schminken und 30 Minuten, um den Dreck, den der Mann hinterlassen hat, wegzumachen.
Gabi Köster, deutscher TV-Comedy-Star (geb. 1961)

Ein gewisser Freund, den ich kannte, pflegte seinen Leib in drei Etagen zu teilen, den Kopf, die Brust und den Unterleib, und er wünschte öfters, dass sich die Hausleute der obersten und untersten Etage besser vertragen könnten.
Georg Christoph Lichtenberg, deutscher Schriftsteller und Physiker (1742–1799)

Drei Tage war der Frosch so krank! / Jetzt raucht er wieder, Gott sei dank!
Wilhelm Busch, deutscher Dichter und Maler (1832–1908)

Der Körper ist der Übersetzer der Seele ins Sichtbare.
Christian Morgenstern, deutscher Schriftsteller (1871–1914)

Was für manche vielleicht eine schwere Bürde ist, war mein Glück, denn die Krankheit hat mir geholfen, mein wahres Ich zu erkennen.
Anastacia, amerikanische Sängerin (geb. 1973)

Gute Zähne sind mindestens so viel wert wie ein Assessorexamen.
Theodor Fontane, deutscher Dichter (1819–1898)

Eine der schönsten Wendungen unserer Sprache lautet: »Werde mir nicht krank …« Egoismus und rührendste Fürsorge sind untrennbar darin verschmolzen.
Sigmund Graff, deutscher Schriftsteller (1898–1979)

Wenn sich Männer mit ihrem Kopf beschäftigen, nennt man das Denken. Wenn Frauen das Gleiche tun, heißt das Frisieren.
Anna Magnani, italienische Schauspielerin (1908–1973)

Ich liebe Männerkörper – sie sind so viel besser konstruiert als Männerhirne.
Sinéad O'Connor, irische Sängerin (geb. 1966)

Wer seine Gesundheit durch allzu strenge Lebensweise zu erhalten sucht, begibt sich damit in eine fortlaufende und langweilige Krankheit.
François La Rochefoucauld, französischer Schriftsteller (1613–1680)

Das Gefühl von Gesundheit erwirbt man sich nur durch Krankheit.
Georg Christoph Lichtenberg, deutscher Schriftsteller und Physiker (1742–1799)

Die gesündesten und schönsten, regelmäßig gebauten Leute sind die, die sich alles gefallen lassen. Sobald einer ein Gebrechen hat, so hat er seine eigene Meinung.
Georg Christoph Lichtenberg, deutscher Schriftsteller und Physiker (1742–1799)

Es gibt nur eine Heilkraft, und das ist die Natur; in Salben und Pillen steckt keine. Höchstens können sie der Heilkraft der Natur einen Wink geben, wo etwas für sie zu tun ist.
Arthur Schopenhauer, deutscher Philosoph (1788–1860)

Gesunde Menschen sind die, in deren Leibes- und Geistesorganisation jeder Teil eine *vita propria* (ein Eigenleben) hat.
Johann Wolfgang von Goethe, deutscher Dramatiker und Dichter (1749–1832)

… Und unsern kranken Nachbarn auch.
Matthias Claudius, deutscher Dichter und Redakteur (1740–1815)

Wussten Sie schon …

Mit diesen Versen endet Claudius' Gedicht »Abendlied« von 1778: »Verschon uns, Gott! mit Strafen, / Und lass uns ruhig schlafen! / Und unsern kranken Nachbar auch!« Das Gedicht wurde von Johann Abraham Peter Schulz 1790 vertont. Nach der Anfangszeile »Der Mond ist aufgegangen« benannt, ist es immer noch eines der schönsten und beliebtesten Schlaflieder. – Zitiert wird der Vers in spaßhafter Absicht, wenn jemand bei etwas mitbedacht werden soll.

Die Gesunden bedürfen des Arztes nicht, sondern die Kranken.
Lk 5,31

Solange die Männer nicht verheiratet sind, sprechen sie nur von ihrem Herzen. Später reden sie dann von der Galle und der Leber.
Goldie Hawn, amerikanische Schauspielerin (geb. 1945)

Krankheit lässt den Wert der Gesundheit erkennen, das Böse den Wert des Guten, Hunger die Sättigung, Ermüdung den Wert der Ruhe.
Heraklit, griechischer Philosoph (um 550–ca. 480 v. Chr.)

Wenn man sieht, was die heutige Medizin fertig bringt, fragt man sich unwillkürlich: Wie viele Etagen hat der Tod?
Jean-Paul Sartre, französischer Philosoph und Schriftsteller (1905–1980)

Ein gesunder Körper ist gern gepaart mit einer heiteren Seele.
August von Kotzebue, deutscher Dramatiker (1761–1819)

Die Gesundheit sieht es lieber, wenn der Körper tanzt, als wenn er schreibt.
Georg Christoph Lichtenberg, deutscher Schriftsteller und Physiker (1742–1799)

Ich aber hatte Zahnweh im Herzen.
Heinrich Heine, deutscher Dichter (1797–1856)

Der körperliche Zustand hängt sehr viel von der Seele ab. Man suche sich vor allem zu erheitern und von allen Seiten zu beruhigen.
Wilhelm Freiherr von Humboldt, preußischer Staatsmann und Gelehrter (1767–1835)

Latein für Besserwisser

Alea iacta est.

(Der Würfel ist gefallen [eigentlich: geworfen].)

Gaius Julius Cäsar, römischer Feldherr und Staatsmann (100–44 v. Chr.)

Gutta cavat lapidem.

(Steter Tropfen höhlt den Stein.)

Ovid (Publius Ovidius Naso), römischer Dichter (43 v. Chr. – um 17 n. Chr.)

Cras legam.

(Ich werd' es morgen lesen.)

Nach Sueton (Gaius Suetonius Tranquillus), römischer Schriftsteller (um 70–140)

Das Schriftstück, das Cäsar den geplanten Anschlag auf sein Leben enthüllen sollte, wurde von ihm weggelegt, um es später zu lesen. Am 15. März 44 wurde er ermordet.

Audacter calumniare, semper aliquid haeret!

(Verleumde nur frech! Irgendwas bleibt immer hängen.)

Sir Francis Bacon, englischer Staatsmann und Philosoph (1561–1626)

... quot homines tot sententiae ...

(Wie viele Menschen, so viele Meinungen.)

Terenz (Publius Terentius Afer), römischer Lustspieldichter (um 195–159 v. Chr.)

O tempora! O mores!

(O Zeiten! O Sitten!)

Friedrich II. (der Große), preußischer König (1712–1786)

De nihilo nihil.

(Aus nichts wird nichts.)

Lukrez (Titus Lucretius Carus), römischer Dichter (99/96–55 v. Chr.)

Beatus ille qui procul negotiis.

(Glücklich der, der fernab von Geschäften ist.)

Horaz (Quintus Horatius Flaccus),
römischer Dichter (65–8 v. Chr.)

Quidquid id est, timeo Danaos et dona ferentes.

(Was es auch sei, ich fürchte die Danaer,
selbst wenn sie Geschenke bringen.)

Vergil (Publius Vergilius Maro),
römischer Dichter (70–19 v. Chr.)
In seiner »Aeneis« (II,49) lässt Vergil den Apollon-Priester Laokoon diesen Satz sagen. Dieser hatte die Trojaner davor gewarnt, das Weihegeschenk der »abgezogenen« Griechen oder Danaer – ein hölzernes Pferd – in die Stadt zu ziehen. Der Begriff »Danaer-Geschenk« ist gleichbedeutend mit »ein Unheil bringendes Geschenk«.

Experto credite!

(Glaubt dem, der es selber erprobt hat!)

Vergil (Publius Vergilius Maro),
römischer Dichter (70–19 v. Chr.)

Carpe diem.

(Nutze den Tag.)

Horaz (Quintus Horatius Flaccus),
römischer Dichter (65–8 v. Chr.)

Tunica propior palliost.

(Das Hemd ist [mir] näher als der Rock.)

Titus Maccius Plautus, römischer
Lustspieldichter (um 240–184 v. Chr.)

In dubio pro reo (iudicandum est.)

(Im Zweifel [ist] zugunsten des Angeklagten
[zu entscheiden.])

Egidio Bossi (eigentlich Aegidius Bossius),
italienischer Kriminologe (1487–1546)

Cui bono?

(Wem zum Vorteil?)

Lucius Cassius Longinus Ravilla,
römischer Konsul (127 v. Chr.)

Quod erat demonstrandum.

(Was zu beweisen war. Auf griechisch: Hoper edei deixai.)

Euklid, griechischer Mathematiker (um 300 v. Chr.)

Homo sum; humani nil a me alienum puto.

(Ich bin ein Mensch; nichts Menschliches ist mir fremd.)

Terenz (Publius Terentius Afer),
römischer Lustspieldichter (um 195–159 v. Chr.)

Hic Rhodus, hic salta!

(Hier ist Rhodos, hier springe!
Auf griechisch: Autu gar Rhodos kai pedema!)

Äsop, griechischer Dichter (6. Jh. v. Chr.)
In Äsops Fabel »Der Prahler« wird mit diesen oft zitierten Worten ein Fünfkämpfer, welcher sich damit brüstet, auf dem fernen Rhodos einen riesigen Sprung getan zu haben, aufgefordert, diesen doch an Ort und Stelle zu wiederholen. – Gemeint ist, Worten auch Taten folgen zu lassen.

Non omnia possumus omnes.

(Nicht alles können wir alle.)

Gaius Lucilius, römischer Satirendichter
(um 180–102 v. Chr.)

Pacta sunt servanda.

(Verträge müssen eingehalten werden.)

Ulpian (Domitius Ulpianus),
römischer Rechtsgelehrter (um 170–223)

Sapere aude! / incipe.

(Wage es einmal, Vernunft zu üben, fange damit an!)

Horaz (Quintus Horatius Flaccus), römischer Dichter (65–8 v. Chr.)

Unum cum noveris, omnes noveris.

(Kennst du einen, kennst du alle.)

Terenz (Publius Terentius Afer), römischer Lustspieldichter (um 195–159 v. Chr.)

O sancta simplicitas!

(O heilige Einfalt!)

Jan Hus, tschechischer Theologe und Reformator (1369–1415)

Nomina sunt odiosa.

(Namen sind verpönt.)

Diese Worte werden nach Marcus Tullius Cicero, römischer Staatsmann, Redner und Philosoph (106–43 v. Chr.), zitiert, in dessen Rede es heißt: »Homines notos sumere odiosum est, cum et illud incertum sit, velintne ii sese nominari.« – »Angesehene Leute nennen ist eine heikle Sache, da es auch zweifelhaft ist, ob sie selbst genannt werden wollen.«

Proximus sum egomet mihi.

(Ich bin mir [zitiert: Jeder ist sich] selbst der Nächste.)

Titus Maccius Plautus, römischer Lustspieldichter (um 250–184 v. Chr.)

Potius sero quam nunquam.

(Besser spät als nie.)

Titus Livius, römischer Geschichtsschreiber (59 v. Chr. – 17 n. Chr.)

Oderint, dum metuant.

(Mögen sie hassen, wenn sie nur fürchten.)

Lucius Accius, römischer Dichter (170–104 v. Chr.) Diese Worte aus Accius' Tragödie »Atreus« waren dem römischen Schriftsteller Sueton (um 70–um 130) zufolge ein Lieblingsausspruch des Kaisers Caligula (lat. Soldatenstiefelchen). Er war in den Jahren 37 bis 41 römischer Kaiser und war für seine Grausamkeit berüchtigt.

Gutes und Böses

Man muss das Gute tun, damit es in der Welt sei.
Marie von Ebner-Eschenbach, österreichische Schriftstellerin (1830–1916)

Auch schlechte Menschen tun mitunter Gutes, als wollten sie ausprobieren, ob es wirklich so viel Vergnügen mache, wie die guten behaupten.
Nicolas de Chamfort, frz. Schriftsteller (1741–1794)

Der Name ist heutzutage das einzige, welches die Menschen am Teufel nicht mögen.
Friedrich Hebbel, deutscher Dramatiker (1813–1863)

Warum habt ihr Gutes mit Bösem vergolten?
1. Mose 44,4

Wussten Sie schon …

Diese Frage findet sich an diversen Stellen in der Bibel, so z. B. auch im Buch des Propheten Jeremia (18,20): »Ists recht, dass man Gutes mit Bösem vergilt?« Man zietiert sie, wenn sich jemand sehr undankbar verhält.

Das Gute – dieser Satz steht fest – / ist stets das Böse, das man lässt.
Wilhelm Busch, deutscher Dichter und Maler (1832–1908)

Alles Gute, das nicht auf moralisch-gute Gesinnung gepfropft ist, ist nichts als lauter Schein und schimmerndes Elend.
Immanuel Kant, deutscher Philosoph (1724–1804)

Wenn wir einmal nicht grausam sind, dann glauben wir gleich, wir seien gut.
Kurt Tucholsky, deutscher Schriftsteller (1890–1935)

Es gibt nichts Gutes / außer: man tut es.
Erich Kästner, dt. Schriftsteller und Dichter (1899–1974)

Wussten Sie schon ...

Bei diesem Zitat aus Kästners 1950 erschienenen Gedichtsammlung »kurz und bündig« handelt es sich um ein Epigramm mit dem Titel »Moral«. Zitiert verweist es auf die entscheidende Bedeutung des guten Handelns. Das bloße Reden darüber, was gut sei, bleibt lediglich Absichtserklärung.

Niemals tut man so vollständig und so gut das Böse, als wenn man es mit gutem Gewissen tut.
Blaise Pascal, frz. Philosoph und Mathematiker (1623–1662)

Jedes Süße hat sein Bitteres, jedes Bittere sein Süßes, jedes Böse sein Gutes.
Ralph Waldo Emerson, amerikanischer Dichter und Philosoph (1803–1882)

Ich kann mich nicht bereden lassen, / macht mir den Teufel nur nicht klein: / Ein Kerl, den alle Menschen hassen, / der muss was sein!
Johann Wolfgang von Goethe, deutscher Dramatiker und Dichter (1749–1832)

Dummheit und Bosheit

Lache nicht über die Dummheit der anderen! Sie ist deine Chance!
Henry Ford I., amerik. Großindustrieller (1863–1947)

Bosheit ist nichts als eine Gemütskrankheit.
Novalis (eigentlich Friedrich von Hardenberg), deutscher Dichter und Schriftsteller (1772–1801)

Zwei Dinge sind unendlich: das Universum und die menschliche Dummheit. Aber bei dem Universum bin ich mir noch nicht ganz sicher.
Albert Einstein, deutscher Physiker (1879–1955)

Der Mangel an Urteilskraft ist eigentlich das, was man Dummheit nennt, und einem solchen Gebrechen ist gar nicht abzuhelfen.
Immanuel Kant, deutscher Philosoph (1724–1804)

Mit der Dummheit kämpfen Götter selbst vergebens.
Friedrich von Schiller, deutscher Dramatiker (1759–1805)

Wussten Sie schon ...

Diese Feststellung findet sich in Schillers Drama »Die Jungfrau von Orléans« (III,6). Es handelt sich dabei um die Worte des sterbenden englischen Feldherrn Talbot angesichts der Niederlage durch die französischen Truppen unter der Führung von Johanna von Orléans.

Die Lust am Bösen ist unsterblich.
Ingrid Noll, deutsche Schriftstellerin (geb. 1935)

Es ist der größte Übelstand, dass es in unsern Zeiten keinen Dummkopf mehr gibt, der nicht etwas gelernt hätte.
Friedrich Hebbel, deutscher Dramatiker (1813–1863)

Die Bosheit sucht keine Gründe, nur Ursachen. (aus: *Götz von Berlichingen*)
Johann Wolfgang von Goethe, deutscher Dramatiker und Dichter (1749–1832)

Man muss die Dummheiten zu begehen wissen, die unser Charakter von uns verlangt.
Nicolas de Chamfort, französischer Schriftsteller (1741–1794)

In der Dummheit ist eine Zuversicht, worüber man rasend werden möchte.
Friedrich Heinrich Jacobi, deutscher Philosoph (1743–1819)

Tugend will ermuntert sein, / Bosheit kann man schon allein.
Wilhelm Busch, deutscher Dichter und Maler (1832–1908)

Handystrahlung ist schädlich fürs Gehirn – gut, für die Männer ist das jetzt nicht so ein Problem.
Anke Engelke, deutscher TV-Comedy-Star (geb. 1965)

Die lästigsten Dummköpfe sind die, welche Witz haben.
François La Rochefoucauld, französischer Schriftsteller (1613–1680)

Ein Kluger bemerkt alles. Ein Dummer macht über alles eine Bemerkung.
Heinrich Heine, deutscher Dichter (1797–1856)

Schönes und Hässliches

Nichts ist schön als das Wahre.
Nicolas Boileau-Despréaux, französischer Dichter (1636–1711)

Lasst die Schönheit, die wir lieben, das sein, was wir tun. Es gibt hunderte von Arten niederzuknien und die Erde zu küssen.
Djalal ad-Din Rumi, Dichter der persisch-islamischen Mystik (1207–1273)

Frauen werden Männern niemals ebenbürtig sein, solange sie nicht mit Glatze und Bierbauch die Straße runterlaufen können und immer noch denken, sie seien schön.
Nina Hagen, deutsche Rocksängerin (geb. 1955)

Ein hässliches Ding ist etwas, das keinem Muster, keiner Ordnung unterworfen ist.
Plotin, griechischer Philosoph (um 205–270)

Die schönen Tage in Aranjuez sind nun zu Ende.
Friedrich von Schiller, deutscher Dramatiker (1759–1805)

Wussten Sie schon ...

Dieses Zitat gibt die Anfangsverse von Schillers »Don Karlos« (1787) wieder. Der Beichtvater König Philipps, Pater Domingo, richtet sie an dessen Sohn, den Infanten Don Karlos. Gemeint ist die Rückkehr des königlichen Hofes aus der Sommerresidenz in Aranjuez nach Madrid.

In der Tiefe der Schönheit liegt etwas Unmenschliches.
Elias Canetti, bulgarischer Schriftsteller (1905–1994)

Schöne Seelen finden sich / Zu Wasser und zu Lande.
Andreas Gryphius, deutscher Dichter (1616–1664)

Was aber die Schönheit sei, das weiß ich nit.
Albrecht Dürer, deutscher Maler, Zeichner
und Kupferstecher (1471–1528)

Es gibt vielleicht auf der ganzen Welt kein anderes Mittel, ein Ding oder Wesen schön zu machen, als es zu lieben.
Robert Musil, österreichischer Schriftsteller (1880–1942)

Schönheit ist ein offener Empfehlungsbrief, der die Herzen im Voraus für uns gewinnt.
Arthur Schopenhauer, deutscher Philosoph (1788–1860)

Das Schöne nachahmen und etwas schön nachahmen ist nicht dasselbe.
Plutarch, griechischer Schriftsteller (um 46–ca. 120)

Und Schönheit ist eine Form des Genies –, sie ist mehr als Genie, denn sie bedarf keiner Erklärung.
Oscar Wilde, englischer Schriftsteller (1854–1900)

Halte dich ans Schöne! Vom Schönen lebt das Gute im Menschen.
Ernst Freiherr v. Feuchtersleben, österreichischer Dichter (1806–1849)

Schönheit ist Wahrheit, Wahrheit schön – soviel / Wisst ihr auf Erden, und dies Wissen reicht.
John Keats, englischer Dichter (1795–1821)

Wussten Sie schon ...

Mit diesen Worten endet Keats' »Ode auf eine griechische Urne« von 1818, eine der fünf meisterlichen Oden des Dichters. Im Original lauten die Zeilen: »Beauty is truth, truth beauty, – that is all / Ye know on earth, and all ye need to know.«

Erröten macht die Hässlichen so schön: / Und sollte Schöne nicht noch schöner machen? (aus: *Nathan der Weise*)
Gotthold Ephraim Lessing, deutscher Dramatiker und Dichter (1729–1781)

Wahrheit und Lüge

Die hinterhältigste Lüge ist die Auslassung.
Simone de Beauvoir, französische Philosophin und Schriftstellerin (1908–1986)

Die Strafe für den Lügner besteht nicht darin, dass man ihm nicht glaubt, sondern darin, dass er selber niemandem mehr glauben kann.
George Bernard Shaw, irischer Dramatiker (1856–1950)

Es gibt Menschen, die sich immer angegriffen fühlen, wenn jemand eine Wahrheit ausspricht.
Christian Morgenstern, deutscher Schriftsteller (1871–1914)

Wenn's der Wahrheitsfindung dient …
Fritz Teufel, deutscher Kommunarde und Bürgerschreck (geb. 1943)

Wussten Sie schon …

Im Juni 1967 wurde Fritz Teufel wegen eines angeblichen Steinwurfs während der Demonstration gegen Schah Reza Pahlewi verhaftet. Bis November saß er in Untersuchungshaft, dann musste er sich vor dem Berliner Landgericht in Moabit verantworten. Mit den genannten Worten folgte Teufel nur äußerst widerwillig der Aufforderung, sich beim Eintreten des Hohen Gerichtes von seinem Platz zu erheben. Seine Worte werden – ganz langgedehnt – zitiert, wenn man eine Bitte oder Forderung für völlig überflüssig hält.

Es ist fast unmöglich, die Fackel der Wahrheit durch ein Gedränge zu tragen, ohne jemandem den Bart zu versengen.
Georg Christoph Lichtenberg, deutscher Schriftsteller und Physiker (1742–1799)

Doch dem war kaum das Wort entfahren, / Möcht er's im Busen gern bewahren. (aus: *Die Kraniche des Ibykus*)
Friedrich von Schiller, deutscher Dramatiker (1759–1805)

Was diesseits der Pyrenäen Wahrheit ist, ist jenseits Irrtum.
Blaise Pascal, französischer Philosoph und Mathematiker (1623–1662)

Einer neuen Wahrheit ist nichts schädlicher als ein alter Irrtum.
Johann Wolfgang von Goethe, deutscher Dramatiker und Dichter (1749–1832)

Auch das ist Lüge und oft die kläglichste von allen: sich anzustellen, als wenn man einem Lügner seine Lüge glaubte.
Arthur Schnitzler, österreichischer Schriftsteller (1862–1931)

Der Beste muss mitunter lügen – / Zuweilen tut er's mit Vergnügen.
Wilhelm Busch, deutscher Dichter und Maler (1832–1908)

Keinen Anlass zur Lüge haben, heißt noch nicht: aufrichtig sein.
Arthur Schnitzler, österreichischer Schriftsteller (1862–1931)

Wie nützlich ist die Kunst, zu rechter Zeit zu lügen. (aus: *Der Lügner*)
Pierre Corneille, französischer Dramatiker (1606–1684)

Man muss die Tatsachen kennen, bevor man sie verdrehen kann.
Mark Twain, amerikanischer Schriftsteller (1835–1910)

Ein Lügner muss Gedächtnis haben.
Quintilian (Marcus Fabius Quintilianus), römischer Redner (um 30– ca. 96)

Wissen und Weisheit

Alles Wissen besteht in einer sicheren und klaren Erkenntnis.
René Descartes, französischer Philosoph und Mathematiker (1596–1650)

Denn wo viel Weisheit ist, da ist viel Grämen, und wer viel lernt, der muss viel leiden.
Kor. 1,18

Alles, was man weiß, nicht bloß rauschen und brausen gehört hat, lässt sich in drei Worten sagen.
Ludwig Wittgenstein, österreichischer Philosoph (1889–1951)

Mutig, unbekümmert, spöttisch, gewalttätig – so will uns die Weisheit: sie ist ein Weib und liebt immer nur einen Kriegsmann.
Friedrich Nietzsche, deutscher Philosoph (1844–1900)

Wenn die Neugier sich auf ernsthafte Dinge richtet, dann nennt man sie Wissensdrang.
Marie von Ebner-Eschenbach, österreichische Schriftstellerin (1830–1916)

Alles Wissen stammt aus der Erfahrung.
Immanuel Kant, deutscher Philosoph (1724–1804)

Je mehr wir wissen, umso tiefer schweigen wir und umso hoffnungsloser vereinsamen wir.
José Ortega y Gasset, spanischer Philosoph und Schriftsteller (1883–1955)

Gut, er weiß nichts. Aber das weiß er immer besser.
Elias Canetti, bulgarischer Schriftsteller (1905–1994)

Die Weisheit eines Menschen misst man nicht nach seiner Erfahrung, sondern nach seiner Fähigkeit, Erfahrungen zu machen.
Friedrich Nietzsche, deutscher Philosoph (1844–1900)

Was ich nicht weiß / Macht mich nicht heiß / Und was ich weiß, / machte mich heiß, / wenn ich nicht wüsste / wie's werden müsste. (aus: *Sprüche in Reimen*)
Johann Wolfgang von Goethe, deutscher Dramatiker und Dichter (1749–1832)

Eine Investition in Wissen bringt immer noch die besten Zinsen.
Benjamin Franklin, amerikanischer Staatsmann und Schriftsteller (1706–1790)

Nach Haus kam Serenissimus, / Sprach: Omnia nos wissimus! / Und sprach viel weise Worte noch / Dass alles rings nach Weisheit roch.
Erich Mühsam, deutscher Schriftsteller (1878–1934)

In Zuversicht geht eure Weisheit unter. (aus: *Julius Cäsar*)
William Shakespeare, englischer Dramatiker (1564–1616)

Wissen ist Macht.
Sir Francis Bacon, englischer Staatsmann und Philosoph (1561–1626)

Biographisches

Bacon gründete seine Philosophie auf Erfahrung an Stelle von Theorien und Deduktionen. Experimente und Beobachtungen und deren Organisation waren für ihn die Grundlagen alles Wissens. Seine Ideen unterstützten die Schaffung einer modernen Naturwissenschaft.
Das Zitat findet sich in seinen »Essays« von 1597, die er nach dem literarischen Vorbild von Montaignes »Essais« schrieb.

Der Mensch kann nicht alles wissen, aber etwas muss jeder haben, was er ordentlich versteht.
Gustav Freytag, deutscher Schriftsteller (1816–1895)

Zwar weiß ich viel, doch möcht' ich alles wissen.
Johann Wolfgang von Goethe, deutscher Dramatiker und Dichter (1749–1832)

Nur wer weiß, wohin er fährt, weiß auch welcher Wind gut ist.
Friedrich Nietzsche, deutscher Philosoph (1844–1900)

Beruf und Wirtschaft

Reine Notwendigkeit oder Ihr ganzer Lebensinhalt? Beim Beruf scheiden sich die Geister, auch schon in früheren Jahrhunderten. Was kluge und kreative Köpfe zu Zielen, Fragen der Entscheidugsfindung, wirtschaftlichen Zusammenhängen oder auch dem Thema Geld und Geiz geschrieben und gesagt haben, finden Sie ebenfalls in diesem Kapitel.

Arbeit, Bildung und Karriere

Die Arbeit hält drei große Übel fern: die Langeweile, das Laster und die Not.
Voltaire (eigentlich François Marie Arouet), französischer Philosoph und Schriftsteller (1694–1778)

Sitzfähig, flexibel, ausdauernd, bereit, auf Privates zu verzichten, Mitarbeiter auszubeuten, Familie auszubeuten, sich selbst auszubeuten und an allem noch Spaß zu haben.
Heide Simonis, Ministerpräsidentin von Schleswig-Holstein (geb. 1943)

Wussten Sie schon ...

Auf die Frage, welche grundlegenden Eigenschaften eine Frau in der Politik haben müsste, gab die Politikerin Heide Simonis in einem Interview diese Antwort.

Der Klatsch der Frauen ist harmlos. Der Klatsch der Männer gefährlich – man nennt ihn Konferenz.
Françoise Sagan, französische Schriftstellerin (1935–2004)

Gott sorgt, wir aber sollen arbeiten.
Martin Luther, deutscher Theologe (1483–1546)

Wenn man den Männern Arbeit abnimmt, fügen sie sich ohne Umstände.
Lida Gustava Heymann, deutsche Autorin und Publizistin (1868–1943)

Alle Berufe sind Verschwörungen gegen die Laien.
George Bernard Shaw, irischer Dramatiker (1856–1950)

Wenig Arbeit ist eine Bürde, viel Arbeit eine Freude.
Victor Hugo, französischer Dichter (1802–1855)

Erst die Männer sind auf die Idee gekommen, ihre nächtlichen Unternehmungen Tagungen zu nennen.
Helen Vita, deutsche Sängerin und Kabarettistin (1928–2001)

Wer nicht arbeiten will, der soll auch nicht essen.
2. Thess 3,10

Sei am Tage mit Lust bei den Geschäften, aber mache nur solche, dass du des Nachts ruhig schlafen kannst.
nach Thomas Mann, deutscher Schriftsteller (1875–1955)

Die meiste unbezahlte Arbeit auf der Welt leistet die Frau. Sie wird nicht nach dem Wert der getanen Arbeit, sondern nach ihrem Geschlecht bezahlt.
Susan B. Anthony, Pionierin der amerikanischen Frauenbewegung (1820–1906)

Nicht alle Männer, die Konferenzen abhalten, haben eine Geliebte. Manche haben zwei.
Zsa Zsa Gabor, amerikanische Schauspielerin (geb. 1917)

Arbeit macht das Leben süß, / Macht es nie zur Last, / Der nur hat Bekümmernis, / Der die Arbeit hasst.
Gottlob Wilhelm Burmann, deutscher Dichter (1737–1805)

Je mehr Vergnügen du an deiner Arbeit hast, desto besser wird sie bezahlt.
Mark Twain, amerikanischer Schriftsteller (1835–1910)

Meine Arbeit gibt mir Sicherheit, das Leben verunsichert mich eher.
Marcello Mastroianni, ital. Filmschauspieler (1924–1996)

Meine Karriere ist fast so alt wie meine Ehe, nur etwas glücklicher.
Jeanne Moreau, französische Schauspielerin (geb. 1928)

Arbeit schändet nicht.
Hesiod, griechischer Dichter (um 700 v. Chr.)

Wer Freude an der Arbeit hat, ist imstande, vieles zu leisten.
Marion Gräfin Dönhoff, deutsche Publizistin und Herausgeberin (1909–2002)

Es gibt nichts Besseres, als von seiner Arbeit zu leben.
Anatole France, französischer Dichter (1844–1924)

Wenn gute Reden sie begleiten, dann fließt die Arbeit munter fort.
Friedrich von Schiller, deutscher Dramatiker (1759–1805)

Wussten Sie schon ...

Gemeint ist hier die Arbeit der Glockengießer. Die Verse stammen aus Schillers »Lied von der Glocke«, erschienen im »Musenalmanach für das Jahr 1800«. Ihnen voraus gehen die Zeilen: »Zum Werke, das wir ernst bereiten, / Geziemt sich wohl ein ernstes Wort.« Mit dem Zitat kommentiert man scherzhaft einen Arbeitsvorgang, der von einer angeregten Unterhaltung begleitet wird.

Ein Beruf ist das Rückgrat des Lebens.
Friedrich Nietzsche, deutscher Philosoph (1844–1900)

Es gibt nur eins, was auf Dauer teurer ist als Bildung: keine Bildung.
John F. Kennedy, 35. Präsident der USA (1917–1963)

Man kann auch hinauffallen. Und solche Fälle sind die tiefsten.
Peter Hille, deutscher Schriftsteller (1854–1904)

Bildung kommt von Bildschirm und nicht von Buch, sonst hieße es ja Buchung.
Dieter Hildebrandt, deutscher Kabarettist (geb. 1927)

Bildung ist ein unentreißbarer Besitz.
Menander, griech. Lustspieldichter (342 v. Chr. – 291 v. Chr.)

Biographisches

Als einer der ersten Dichter verließ Menander die mythischen Stoffe und schilderte statt dessen verstärkt das attische Bürgertum mit seinen liebenswerten Fehlern und Schwächen. Seine wohl über 100 Komödien inspirierten Lustspieldichter über Jahrhunderte hinweg, so z. B. Plautus oder Terenz bis hin zu Molière.

Ich mache mit jeder Ernennung 99 Unzufriedene und einen Undankbaren.
Ludwig XIV. (Sonnenkönig), franz. König (1638–1715)

Es ist ein Beweis hoher Bildung, die größten Dinge auf die einfachste Art zu sagen.
Ralph Waldo Emerson, amerikanischer Dichter und Philosoph (1803–1882)

Was du immer kannst je werden, / Arbeit scheue nicht und Wachen, / aber hüte deine Seele / vor dem Karriere-Machen!
Theodor Storm, deutscher Dichter (1817–1888)

Man kann es auf zweierlei Art zu etwas bringen: durch eigenes Können oder durch die Dummheit der anderen.
Jean de La Bruyère, französischer Essayist und Moralist (1645–1696)

Das ist gewiss! Die Magd, wo sie wird / Frau im Haus, / die schicket ihre Mägd' im ärgsten Regen aus.
Friedrich Rückert, deutscher Dichter (1788–1866)

Die Räder der Karriere werden am besten mit dem Fett der Schmeichelei geschmiert.
Sigmund Graff, deutscher Schriftsteller (1898–1979)

Bildung ist das, was übrig bleibt, wenn der letzte Dollar weg ist.
Mark Twain, amerikanischer Schriftsteller (1835–1910)

Beim gesellschaftlichen Aufstieg empfiehlt es sich, freundlich zu den Überholten zu sein. Man begegnet ihnen beim Abstieg wieder.
Jo Herbst, dt. Kabarettist und Schauspieler (1928–1980)

Chancen und Risiken

Was uns als eine schwere Prüfung erscheint, erweist sich oft als Segen.
Oscar Wilde, englischer Schriftsteller (1854–1900)

Wer zu spät kommt, den bestraft das Leben.
Michail Gorbatschow, sowjetischer Politiker (geb. 1931)

Wussten Sie schon ...

Dieser Satz des Staatspräsidenten der ehem. UDSSR wurde zu einem geflügelten Wort. Sie entstammt der deutschen Übersetzung seiner Rede zum 40. Jahrestag der Gründung der DDR am 7.10.1989. Eine wörtlichere Übersetzung lautet sinngemäß, dass es »gefährlich für denjenigen wird, der nicht auf das Leben reagiert«. 1990 erhielt Gorbatschow, der Verfechter von »Glasnost« (Offenheit) und »Perestroika« (Umstrukturierung) den Friedensnobelpreis.

In der Politik soll man weniger versuchen, neue Gelegenheiten zu schaffen, als die sich bietenden zu nutzen.
Walther Rathenau, deutscher Staatsmann (1867–1922)

Handle – und das Geschick selbst beugt sich.
Ralph Waldo Emerson, amerikanischer Dichter und Philosoph (1803–1882)

Dass Glück ihm günstig sei, / was hilft's dem Stöffel? / Denn regnet's Brei, / fehlt ihm der Löffel.
Johann Wolfgang von Goethe, deutscher Dramatiker und Dichter (1749–1832)

Kein Wind ist demjenigen günstig, der nicht weiß, wohin er segeln will.
Michel de Montaigne, französischer Philosoph und Schriftsteller (1533–1592)

Der Ausgangspunkt für die großartigsten Unternehmungen liegt oft in kaum wahrnehmbaren Gelegenheiten.
Demosthenes, griechischer Redner (384–322 v. Chr.)

Die meisten Menschen haben ein Moment im Leben, wo sie große Dinge tun könnten, in dem ihnen nichts unmöglich erscheint.
Henri Stendhal (eigentlich Marie Henri Beyle), französischer Schriftsteller (1783–1842)

Wer klarmachen möchte, dass er wirklich gewinnen will, der muss alles auf eine Karte setzen.
Gerhard Schröder, deutscher Bundeskanzler (geb. 1944)

An einem offenen Paradiesgärtchen geht der Mensch endgültig vorbei und wird erst traurig, wenn es verschlossen ist.
Gottfried Keller, schweizerischer Schriftsteller (1819–1890)

Risikolos gewinnen heißt ruhmlos siegen.
Pierre Corneille, französischer Dramatiker (1606–1684)

Risiko ist die Bugwelle des Erfolgs. Nichts geschieht ohne Risiko, aber ohne Risiko geschieht nichts.
Walter Scheel, deutscher Politiker (geb. 1919)

Nicht weil die Dinge unerreichbar sind, wagen wir sie nicht – weil wir sie nicht wagen, bleiben sie unerreichbar.
Lucius Annaeus Seneca, römischer Dichter und Philosoph (um 4 v. Chr. – 65 n. Chr.)

Wirklich innovativ ist man nur dann, wenn mal etwas danebengegangen ist.
Woody Allen, amerikanischer Regisseur, Schauspieler und Schriftsteller (geb. 1935)

Biographisches

Unter dem Namen Alan Stewart Konigsberg aufgewachsen, arbeitete Allen zunächst fürs Fernsehen und schrieb für andere Komiker. 1964 entschloss er sich, selbst einer zu werden. Nach zwei Broadway-Hits, »Don't Drink the Water« und »Play it again, Sam« (1969) wandte er sich der Filmregie zu. Heute gilt er als Meister der kritisch-intellektuellen Komödie. Mit Arbeiten wie »Die letzte Nacht des Boris Gruschenko« (1975), »Manhattan« (1979) und »Der Stadtneurotiker«(1977) gewann er internationale Anerkennung.

Es wäre wenig in der Welt unternommen worden, wenn man immer nur auf den Ausgang gesehen hätte.
Gotthold Ephraim Lessing, deutscher Dramatiker und Dichter (1729–1781)

Die meisten Menschen versäumen die günstige Gelegenheit, weil sie im Overall kommt und nach Arbeit aussieht.
Thomas Alva Edison, amerikanischer Elektrotechniker und Erfinder (1847–1931)

Jedes Ding hat seine Zeit.
William Shakespeare, englischer Dramatiker (1564–1616)

Nur Mut!

Scheint dir auch mal / Das Leben rau, / sei still und zage nicht; / die Zeit, die alte Bügelfrau, / macht alles wieder schlicht.
Wilhelm Busch, deutscher Dichter und Maler (1832–1908)

Nur nicht verzagt im Unglück! Wenn Gott einen Baum umhauen lässt, so sorgt er schon dafür, dass seine Vögel auf einem anderen nisten können.
Johann Kaspar Lavater, schweizerischer Pfarrer (1741–1801)

Wie mutig man ist, weiß man immer erst hinterher.
Ludwig Marcuse, deutscher Schriftsteller (1894–1971)

Das Schicksal geht mit uns wie mit Pflanzen um: Es macht uns durch kurze Fröste reifer.
Jean Paul (eigentlich Johann Paul Friedrich Richter), deutscher Dichter (1763–1825)

Glücklichsein ist eine Gabe des Schicksals und kommt nicht von außen; man muss es sich selbst erkämpfen. Das ist aber auch tröstend, denn man kann es sich erkämpfen.
Wilhelm Freiherr von Humboldt, preußischer Staatsmann und Gelehrter (1767–1835)

Die höchste Form der Hoffnung ist die überwundene Verzweiflung.
Albert Camus, franz. Schriftsteller und Philosoph (1913–1960)

Solange sich ein Mensch einbildet, etwas nicht tun zu können, solange ist es ihm unmöglich, es zu tun.
Baruch de Spinoza, niederländischer Philosoph (1632–1677)

Probleme sind Gelegenheiten, zu zeigen, was man kann.
Duke Ellington, amerikanischer Bigbandleader und Komponist (1899–1974)

Du kannst nicht Schlittschuhlaufen lernen, ohne dich lächerlich zu machen. Auch das Eis des Lebens ist glatt.

George Bernard Shaw, irischer Dramatiker (1856–1950)

Derjenige, der Wohlstand verliert, verliert viel; derjenige, der einen Freund verliert, verliert mehr; doch derjenige, der seinen Mut verliert, verliert alles.

Miguel de Cervantes Saveedra, spanischer Schriftsteller (1547–1616)

Wage, und die Welt gibt immer nach, wenn sie manchmal trotzdem zurückschlägt, wage es aufs Neue, und du wirst sehen: Sie ordnet sich unter.

William Makepeace Thackeray, englischer Dichter (1811–1863)

Mutig ist nicht der, der sich niemals fürchtet, sondern der, der diese Furcht besiegt.

Nelson Mandela, südafrikanischer Politiker und Bürgerrechtler (geb. 1918)

Ob du erzählt bekommst, du hättest eine 90-prozentige Chance oder eine 50-prozentige oder eine 1-prozentige, spielt keine Rolle. Du musst glauben – und du musst kämpfen.

Lance Armstrong, amerik. Radrennfahrer (geb. 1971)

Diejenigen Berge, über die man im Leben am schwersten hinwegkommt, häufen sich immer aus Sandkörnchen auf.

Friedrich Hebbel, deutscher Dramatiker (1813–1863)

So lang ist keine Nacht, dass nicht endlich der helle Morgen lacht!

William Shakespeare, englischer Dramatiker (1564–1616)

Entscheidung und Irrtum

Entscheide lieber ungefähr richtig, als genau falsch.
Johann Wolfgang von Goethe, deutscher Dramatiker und Dichter (1749–1832)

Das einzige Mittel, um den Irrtum zu vermeiden, ist die Unwissenheit.
Jean-Jacques Rousseau, französischer Schriftsteller und Philosoph (1712–1778)

Irren ist auch insofern menschlich, als die Tiere wenig oder gar nicht irren.
Georg Christoph Lichtenberg, deutscher Schriftsteller und Physiker (1742–1799)

Überlasse die Entscheidung nicht der Leidenschaft, sondern dem Verstand!
Epicharm, griechischer Dramatiker (um 550–460 v. Chr.)

Ja, mach nur einen Plan! / Sei nur ein großes Licht! / Und mach dann noch 'nen zweiten Plan / Gehn tun sie beide nicht.
Bertold Brecht, deutscher Dichter und Dramaturg (1898–1956)

In zweifelhaften Fällen entscheide man sich für das Richtige.
Karl Kraus, österreichischer Publizist und Schriftsteller (1874–1936)

Greife nicht leicht in ein Wespennest: / Doch wenn du greifst, dann greife fest.
Matthias Claudius, deutscher Dichter und Redakteur (1740–1815)

Wenn man die Wahl hat zwischen Austern und Champagner, so pflegt man sich in der Regel für beides zu entscheiden.
Theodor Fontane, deutscher Dichter (1819–1898)

Während Rom überlegt, geht Sagunt zugrunde.
Titus Livius, röm. Geschichtsschreiber (59 v. Chr. – 17 n. Chr.)

Niemand möchte seiner Irrtümer wegen bedauert werden.
Luc de Clapiers Vauvenargues, französischer Moralist (1715–1747)

Es irrt der Mensch, solang er strebt!
Johann Wolfgang von Goethe, deutscher Dramatiker und Dichter (1749–1832)

Wussten Sie schon ...

Im ersten Teil von Goethes »Faust« wettet Mephisto mit Gott um Faustens Seelenheil und bittet um Erlaubnis, Faust behutsam auf den schlechten Weg führen zu dürfen. Daraufhin erhält er die Antwort: »Solang er auf der Erde lebt, / Solange sei dir's nicht verboten. / Es irrt der Mensch, solang er strebt.« Eine geläufige Abwandlung des Zitats stellt diese resignierende Aussage dar: »Es irrt der Mensch, solang er lebt.«

Wege enstehen dadurch, dass man sie geht.
Franz Kafka, deutscher Schriftsteller (1883–1924)

Alle wichtigen Fragen entscheiden sich besser über Nacht.
Epicharm, griechischer Dramatiker (um 550–460 v. Chr.)

Nur der Betrug entehrt, der Irrtum nie.
Georg Christoph Lichtenberg, deutscher Schriftsteller und Physiker (1742–1799)

Die Menschheit lässt sich keinen Irrtum nehmen, der ihr nützt. Sie würde an Unsterblichkeit glauben, und wenn sie das Gegenteil wüsste.
Friedrich Hebbel, deutscher Dramatiker (1813–1863)

Lernt einsehen, dass man bei Entschlüssen mit der Tat anfangen muss.
Franz Grillparzer, österreichischer Dichter (1791–1872)

Entschlossenheit im Unglück ist immer der halbe Weg zur Rettung.
Johann Heinrich Pestalozzi, schweizerischer Pädagoge und Philosoph (1746–1827)

Ehrgeiz und Image

Ein Mensch ist wie eine Bruchrechnung: Sein Zähler zeigt an, was er ist, und sein Nenner, wofür er sich hält. Je größer der Nenner, desto kleiner der Bruch.
Leo Tolstoi, russischer Schriftsteller (1828–1910)

Ehrgeiz heißt die Leidenschaft, die alle anderen Leidenschaften im Zaume hält.
Jean de La Bruyère, frz. Essayist und Moralist (1645–1696)

Wer sich ein Image schafft, muss kein Snob sein. Aber jeder Snob gibt sich ein Image.
Oliver Hassenkamp, deutscher Schriftsteller (1921–1988)

Das Image ist ein geborgtes Gesicht.
Thornton Wilder, amerikanischer Schriftsteller (1897–1975)

Es ist nicht alles Gold, was glänzt. Aber es glänzt auch nicht alles, was Gold ist.
Friedrich Hebbel, deutscher Dramatiker (1813–1863)

Wünschest du, dass die Leute gut über dich denken? Sprich nicht!
Blaise Pascal, französischer Philosoph und Mathematiker (1623–1662)

Heftiger Ehrgeiz und Misstrauen habe ich noch allemal beisammen gesehen.
Georg Christoph Lichtenberg, deutscher Schriftsteller und Physiker (1742–1799)

Ein Leben ist lang, und ein Image bleibt.
Max Schmeling, deutscher Boxer (geb. 1905)

Biographisches

Mit 19 wird Schmeling Deutscher Meister, 1927 Europameister im Halbschwergewicht. 1930 gewinnt er in New York gegen den Amerikaner Jack Sharkey die Weltmeisterschaft im Schwergewicht. 1936 besiegte er den bis dahin ungeschlagenen farbigen Schwergewichtsboxer Joe Louis. Ab 1938, dem Jahr seiner Niederlage gegen Louis (ausgezählt nach 124 Sekunden), wird er von der Hitlerregierung fallen gelassen. Als sein einstiger Gegner völlig verarmt 1981 stirbt, übernimmt Max Schmeling ohne viel Aufhebens die Kosten von Louis' Beerdigung.

Ein junger Mensch sollte ehrgeizig sein, sich in jedem Stück auszuzeichnen, und eher zu viel als zu wenig tun.
Lord Philip Dormer Stanhope Chesterfield,
englischer Staatsmann und Schriftsteller (1694–1773)

Der Ehrgeiz ist für die Seele, was der Hunger für den Leib ist.
Ludwig Börne, deutscher Schriftsteller und Theaterkritiker (1786–1837)

Mausoleum: letzte und lächerlichste Torheit der Reichen.
Ambrose Bierce, amerikanischer Schriftsteller (1842–1914)

Es ist ein bekanntes Talent niedriger und kleiner Geister, stets den Namen eines großen Mannes im Munde zu führen.
Jonathan Swift, englischer Schriftsteller (1667–1745)

Meine Mutter hat früher immer gesagt: Die ist zu doof, das schafft sie nicht. Und ich hab gedacht: Sophia, das werden wir ja sehen.
Heide Simonis, Ministerpräsidentin von Schleswig-Holstein (geb. 1943)

Sei, was du scheinen willst.
Sokrates, griech. Philosoph und Lehrer (um 470–399 v. Chr.)

Fortschritt, Entwicklung und Veränderung

Indessen ist die größte Eiche einmal eine Eichel gewesen, die jedes Schwein verschlucken konnte.
Arthur Schopenhauer, deutscher Philosoph (1788–1860)

Wirklicher Fortschritt ist, was Fortschreiten ermöglicht oder erzwingt.
Bertold Brecht, deutscher Dichter und Dramaturg (1898–1956)

Das Lebensziel des Menschen besteht darin, auf jedwede Weise zur allseitigen Entwicklung alles Bestehenden beizutragen.
Henry David Thoreau, amerikanischer Schriftsteller (1817–1862)

Alle Entwicklung ist bis jetzt nichts weiter als ein Taumeln von einem Irrtum in den anderen.
Henrik Ibsen, norwegischer Dichter und Dramatiker (1828–1906)

Ich kann freilich nicht sagen, ob es besser werden wird, wenn es anders wird; aber so viel kann ich sagen, es muss anders werden, wenn es gut werden soll.
Georg Christoph Lichtenberg, deutscher Schriftsteller und Physiker (1742–1799)

Denn das ist eben die große und gute Einrichtung der menschlichen Natur, dass in ihr alles im Keim da ist und nur auf eine Entwicklung wartet.
Johann Gottfried von Herder, deutscher Philosoph und Dichter (1774–1803)

Nur in der Bewegung, so schmerzlich sie sei, ist Leben.
Jakob Burckhardt, schweizerischer Kultur- und Kunsthistoriker (1818–1897)

Eine Schlange, die sich nicht häutet, stirbt.
Friedrich Nietzsche, deutscher Philosoph (1844–1900)

Mir tut jeder Mensch Leid, der nicht genug Fantasie hat, um ein Wort mal so und mal so zu schreiben.
Mark Twain, amerikanischer Schriftsteller (1835–1910)

Es ist nie zu spät, das zu werden, was man hätte sein können.
George Eliot, englische Schriftstellerin (1819–1880)

Aus nichts wird nichts, das merke wohl, wenn aus dir was werden soll.
Matthias Claudius, deutscher Dichter und Redakteur (1740–1815)

Die deutsche Wirtschaft ist nicht schlechter geworden. Aber wir müssen zur Kenntnis nehmen, dass andere besser geworden sind.
Helmut Kohl, deutscher Bundeskanzler (geb. 1930)

Lob und Kritik

Es gibt wenig Menschen, die nicht den Wunsch haben, von Zeit zu Zeit ihrer Verdienste versichert zu werden.
Luc de Clapiers Vauvenargues, französischer Moralist (1715–1747)

Es glaube doch nicht jeder, der imstande war, seine Meinung von einem Kunstwerk aufzuschreiben, er habe es kritisiert!
Marie von Ebner-Eschenbach, österreichische Schriftstellerin (1830–1916)

Nachahmung ist die höchste Form der Anerkennung.
Oscar Wilde, englischer Schriftsteller (1854–1900)

Der Tausendsackerment! / Schlagt ihn tot, den Hund! / Es ist ein Rezensent.
Johann Wolfgang von Goethe, deutscher Dramatiker und Dichter (1749–1832)

Wussten Sie schon ...

In diesen Worten gipfelt ein Gedicht von Goethe, das 1774 erst anonym und ohne Titel veröffentlicht wurde. Es handelt von einem Gast, der sich beim Dichter satt gegessen hat und dann bei einem anderen über die genossenen Tafelfreuden herzieht. »Und kaum ist mir der Kerl so satt, / Tut ihn der Teufel zum Nachbar führen, / Über mein Essen zu räsonieren: / ›Die Supp hätt können gewürzter sein, / Der Braten brauner, firner der Wein‹.« – Noch heute wird mit dem Zitat der Verdacht illustriert, (Literatur)Kritiker hingen bisweilen ihr Mäntelchen nach dem Wind.

Nichts ist schwieriger als Loben.
Max Frisch, schweizerischer Schriftsteller (1911–1991)

Den Schlechten missfallen heißt gelobt werden.
Lucius Annaeus Seneca, römischer Dichter und Philosoph (um 4 v. Chr. – 65 n. Chr.)

Es liebt die Welt, das Strahlende zu schwärzen, und das Erhabene in den Staub zu ziehen.
Friedrich von Schiller, deutscher Dramatiker (1759–1805)

Wenn man die Bewunderung vieler Männer gegen den kritischen Blick eines einzelnen eintauscht, dann ist man verheiratet.
Diana Ross, amerikanische Sängerin (geb. 1944)

Die Kritik ist eine Bürste, die man bei leichten Stoffen nicht verwenden darf, weil sie da alles wegnähme.
Honoré de Balzac, französischer Schriftsteller (1799–1850)

Rezensieren und Tadeln sind im Wörterbuch manches jungen Gelehrten vollkommen synonym.
Johann Wolfgang von Goethe, deutscher Dramatiker und Dichter (1749–1832)

Die Menschen lassen sich lieber durch Lob ruinieren als durch Kritik verbessern.
George Bernard Shaw, irischer Dramatiker (1856–1950)

»Er ist ein guter Mensch«, sagen die Leute gedankenlos. Sie wären sparsamer mit diesem Lobe, wenn sie wüssten, dass sie kein höheres zu erteilen haben.
Marie von Ebner-Eschenbach, österreichische Schriftstellerin (1830–1916)

Wer sich über Kritik ärgert, gibt zu, dass sie verdient war.
Publius Cornelius Tacitus, römischer Geschichtsschreiber (um 55 – ca. 115)

Ziele und Visionen

Gegen Zielsetzungen ist nichts einzuwenden, sofern man sich dadurch nicht von interessanten Umwegen abhalten lässt.
Mark Twain, amerikanischer Schriftsteller (1835–1910)

Wer nach den Sternen reisen will, der sehe sich nicht nach Gesellschaft um.
Friedrich Hebbel, deutscher Dramatiker (1813–1863)

Der Maler, der Plastiker, der Epiker sind Visionäre par excellence.
Friedrich Nietzsche, deutscher Philosoph (1844–1900)

Vision ist die Kunst, Unsichtbares zu sehen.
Jonathan Swift, englischer Schriftsteller (1667–1745)

Nachdem wir das Ziel endgültig aus den Augen verloren hatten, verdoppelten wir unsere Anstrengungen.
Mark Twain, amerikanischer Schriftsteller (1835–1910)

Ein kleiner Schritt für einen Menschen, aber ein riesiger Sprung für die Menschheit.
Neil Alden Armstrong, amerikanischer Astronaut (geb. 1930)

Biographisches

Im Rahmen der Apollo-11-Mission war der US-Astronaut Armstrong mit seinem Kollegen Edwin »Buzz« Aldrin mit der Mondfähre »Eagle« auf dem Mond im »Meer der Ruhe« gelandet. Am 21.07.69 um 03:56 Uhr (MEZ) setzte er als erster Mensch seinen Fuß auf den Erdtrabanten und sagte dabei: »That's one small step for a man, one giant leap for mankind.« 20 Minuten nach seinem Kommandanten betrat auch Aldrin den Mond.

Wer das Ziel nicht weiß, kann den Weg nicht haben.
Christian Morgenstern, deutscher Schriftsteller (1871–1914)

Für eine wahre Vision gäbe ich allen Reichtum der Welt hin und alle Taten der Großen.
Henry David Thoreau, amerikanischer Schriftsteller (1817–1862)

Nur wer sich das Unmögliche zum Ziel setzt, kann das gerade noch Mögliche erreichen.
Viktor E. Frankl, österreichischer Psychiater (1905–1997)

Kein Ziel ist so hoch, dass es unwürdige Methoden rechtfertigt.
Albert Einstein, deutscher Physiker (1879–1955)

Der Langsamste, der sein Ziel nur nicht aus den Augen verliert, geht immer noch geschwinder als der, der ohne Ziel herumirrt.
Gotthold Ephraim Lessing, deutscher Dramatiker und Dichter (1729–1781)

Macht, Erfolg und Ansehen

Ruhm ist: mitgedacht zu werden, wenn an ein ganzes Volk gedacht wird.
Wilhelm Raabe, deutscher Erzähler (1831–1910)

Ich habe die Liebe für Ruhm getauscht.
Madonna, amerikanische Sängerin und Schauspielerin (geb. 1958)

Dreiundzwanzig Jahre! / Und nichts für die Unsterblichkeit getan! (aus: *Don Karlos*)
Friedrich von Schiller, deutscher Dramatiker (1759–1805)

Ich erwachte eines Morgens und fand mich berühmt.
George Gordon Lord Byron, englischer Dichter (1788–1824)

Wenn die Dankbarkeit vieler gegen einen alle Scham wegwirft, so entsteht der Ruhm.
Friedrich Nietzsche, deutscher Philosoph (1844–1900)

Die Frauen müssen lernen, dass man Macht nicht geschenkt bekommt. Man nimmt sie sich einfach.
Roseanne Barr, amerikanische Schauspielerin (geb. 1953)

Macht gibt es nicht, nur Missbrauch der Macht.
Henry de Montherlant, französischer Schriftsteller (1895–1972)

Der Ruhm der kleinen Leute heißt Erfolg.
Marie von Ebner-Eschenbach, österreichische Schriftstellerin (1830–1916)

Ach, Macht kommt aus den Fäusten / Und nicht aus dem guten Gesicht / Aus Mündungen kommt die Macht ja / Und kommt aus den Mündern nicht!
Wolf Biermann, deutscher Liedermacher, Protestsänger und Dichter (geb. 1936)

Biographisches

Nach dem Erscheinen der Lyriksammlung »Die Drahtharfe« im Westberliner Wagenbach Verlag erhält Biermann ab 1965 Auftritts- und Publikationsverbot. Während eines Gastspiels in der BRD beschließt das Politbüro der DDR am 16. November 1976 seine Ausbürgerung. Begründet wird die Entscheidung damit, dass Biermanns Auftreten in der kapitalistischen Bundesrepublik gegen die DDR und den Sozialismus gerichtet sei.

Kirchen muss er stiften, sonst denkt man nicht an ihn. (aus: *Hamlet*)
William Shakespeare, englischer Dramatiker (1564–1616)

Von des Lebens Gütern allen / Ist der Ruhm das höchste doch, / Wenn der Leib in Staub zerfallen, / Lebt der große Name noch.
Friedrich von Schiller, deutscher Dramatiker (1759–1805)

Der Ruhm, wie alle Schwindelware, / hält selten über tausend Jahre.
Wilhelm Busch, deutscher Dichter und Maler (1832–1908)

Es ist schwer, einen Menschen so hoch einzuschätzen, wie er es selbst wünscht.
Luc de Clapiers Vauvenargues, französischer Moralist (1715–1747)

Erfolg ist unberechenbar. Ich habe ihn, weil die Leute irgendetwas an mir lieben, aber ich kann nicht sagen, was.
Cathérine Deneuve, französische Filmschauspielerin (geb. 1943)

Wer Erfolg haben will, darf nicht zu gut sein.
Ralph Waldo Emerson, amerikanischer Dichter und Philosoph (1803–1882)

Der Gedanke, dass man auch erfolgreich sein kann, wenn man nicht konform ist, hat mir den Mut gegeben, meinen Weg fortzusetzen.
Anastacia, amerikanische Sängerin (geb. 1973)

Dein Erfolg enthält immer etwas, das selbst deinem besten Freund missfällt.
Oscar Wilde, englischer Schriftsteller (1854–1900)

Wenn ihr nach dem Ansehen urteilt, begeht ihr eine Sünde.
Jakobus 2,9

Lasst uns dankbar sein, dass es Narren gibt. Ohne sie könnten wir anderen keinen Erfolg haben.
Mark Twain, amerikanischer Schriftsteller (1835–1910)

Erfolg verändert den Menschen nicht. Er entlarvt ihn.
Max Frisch, schweizerischer Schriftsteller (1911–1991)

Das Geheimnis des Erfolges liegt in der Beständigkeit des Ziels.
Benjamin Disraeli, Earl of Beaconsfield, englischer Staatsmann (1804–1881)

Der Erfolg ist eine Folgeerscheinung, niemals darf er zum Ziel werden.
Gustave Flaubert, französischer Schriftsteller (1821–1880)

Der Erfolg eines Menschen setzt sich aus seinen Fehlschlägen zusammen.
Ralph Waldo Emerson, amerikanischer Dichter und Philosoph (1803–1882)

Lieber der Erste hier als der Zweite in Rom.
Gaius Julius Cäsar, römischer Feldherr und Staatsmann (100–44 v. Chr.)

Wussten Sie schon …

Laut der Cäsarbiographie des griechischen Schriftstellers Plutarch (um 46 bis um 120) habe Cäsar beim Anblick einer kleinen Stadt in den Alpen ausgerufen: »Ich möchte lieber der Erste hier als der Zweite in Rom sein.« Dieses Zitat umschreibt, dass man lieber in kleinerem Rahmen eine tragende Rolle spielt, als eine untergeordnete in einem bedeutenden.

Um Erfolg in der Welt zu haben, muss man närrisch scheinen und weise sein.
Charles Baron de Montesquieu, französischer Schriftsteller (1689–1755)

Wer immer strebend sich bemüht. / Den können wir erlösen.
Johann Wolfgang von Goethe, deutscher Dramatiker und Dichter (1749–1832)

Wussten Sie schon …

Diese Zeilen stammen aus »Faust I«, V, und bilden den ersten Vers der Erlösungsformel für Fausts Unsterbliches. Vollständig lautet diese: »Wer immer strebend sich bemüht. / Den können wir erlösen. / Und hat an ihm die Liebe gar / Von oben teilgenommen, / Begegnet ihm die selige Schar / Mit herzlichem Willkommen.« Als Zitat dient es zur scherzhaften Charakterisierung eines Menschen, der sich redlich bemüht, jedoch relativ erfolglos bleibt.

Erfolgreiche Lumpen sind unerträglich.
Aischylos, griechischer Dichter (525–456 v. Chr.)

Der Weg aufwärts und der Weg abwärts ist ein und derselbe.
Heraklit, griechischer Philosoph (um 550–ca. 480 v. Chr.)

Der Erfolg bietet sich meist denen, die kühn handeln, nicht denen, die alles wägen und nichts wagen wollen.
Herodot, griechischer Geschichtsschreiber (um 484–425 v. Chr.)

Um erfolgreich zu sein, benötigt man zweierlei: Unwissenheit und Selbstvertrauen.
Mark Twain, amerikanischer Schriftsteller (1835–1910)

»To be or not to be …« – Quotations

Life is one long process of getting tired.
(Das Leben ist ein langer Prozess der Ermüdung.)
Samuel Butler, englischer Philosoph und Essayist (1835–1902)

I have a dream.
(Ich habe einen Traum.)
Martin Luther King, amerikanischer Bürgerrechtler (1929–1968)

Love's Labors Lost.
(Vergebliche Liebesmüh.)
William Shakespeare, englischer Dramatiker (1564–1616)

I don't want to belong to any club that will accept me as a member.
(Ich möchte keinem Verein angehören, der mich als Mitglied aufnehmen würde.)
Groucho Marx, amerikanischer Komiker (1895–1977)

At evr'y word a reputation dies.
(Mit jedem Wort stirbt ein guter Ruf.)
Alexander Pope, englischer Dichter und Schiftsteller (1688–1744)

To be or not to be; that is the question … (aus: *Hamlet*)
(Sein oder Nichtsein, das ist hier die Frage …)
William Shakespeare, englischer Dramatiker (1564–1616)

Three removes are as bad as fire.
(Dreimal umziehen ist so gut wie einmal abgebrannt.)
Benjamin Franklin, amerikanischer Staatsmann und Schriftsteller (1706–1790)

Big Brother is watching you. (aus: *1984*)

(Der Große Bruder beobachtet dich.)

George Orwell, englischer Schriftsteller (1903–1950)

My home is my castle.

(Mein Heim ist meine Burg.)

Umformung eines Rechtsspruches von Sir Edward Coke, englischer Rechtsgelehrter (1551–1633)

Hell is paved with good intentions.

(Der Weg zur Hölle ist mit guten Vorsätzen gepflastert.)

Samuel Johnson, englischer Schriftsteller (1709–1784)

Something is rotten in the State of Denmark. (aus: *Hamlet*)

(Es ist etwas faul im Staate Dänemark.)

William Shakespeare, englischer Dramatiker (1564–1616)

Speak softly and carry a big stick.

(Sprich sanft, aber trage einen großen Stock mit dir.)

Theodore Roosevelt, 26. Präsident der Vereinigten Staaten (1858–1919)

Float like a butterfly, sting like a bee.

(Schweb' wie ein Schmetterling, stich wie eine Biene.)

Muhammad Ali, amerik. Schwergewichtsboxer (geb. 1942)
Ebenso treffend wie effektiv motivierte sich der Schwergewichtsboxer Muhammad Ali (eigentlich Cassius Clay) für seinen Kampf gegen Sonny Liston am 25.Mai 1965. Er verteidigte zehnmal erfolgreich den Weltmeistertitel. 1967 wurde ihm dieser wegen Kriegsdienstverweigerung aberkannt. Vor der Kommission soll er gesagt haben: »I ain't got no trouble with them Vietcong.« (Ich hab' keine Probleme mit diesen Vietkong.)

Though this be madness, yet there is method in't. (aus: *Hamlet*)

(Ist dies schon Tollheit, hat es doch Methode.)

William Shakespeare, englischer Dramatiker (1564–1616)

We are not amused!

(Wir finden das gar nicht lustig!)

Königin Victoria von England (1819–1901)

All animals are equal but some animals are more equal than others. (aus: *Animal Farm*)

(Alle Tiere sind gleich, aber einige Tiere sind gleicher als andere.)

George Orwell, englischer Schriftsteller (1903–1950)

No man is an Island, entire of it self.

(Kein Mensch ist eine Insel, ganz für sich.)

John Donne, englischer Dichter (1572–1631)

Life doesn't imitate art, it imitates bad television.

(Das Leben imitiert nicht Kunst, sondern schlechtes Fernsehen.)

Woody Allen, amerikanischer Regisseur, Schauspieler und Schriftsteller (geb. 1935)

To err is human, to forgive divine.

(Irren ist menschlich, Vergeben göttlich.)

Alexander Pope, englischer Dichter und Schiftsteller (1688–1744)

It is not best to swap horses while crossing the river.

(Es ist nicht das Beste, die Pferde zu wechseln, solange man den Fluss überquert.)

Abraham Lincoln, 16. Präsident der Vereinigten Staaten (1809–1965)

No sports!

(Kein Sport!)

Sir Winston Churchill, englischer Staatsmann (1874–1965)
Diese Antwort, die an Lakonik nichts zu wünschen übrig lässt, gab der greise Staatsmann auf die Frage, warum er sich in seinem Alter noch so guter Gesundheit erfreue.

For whom the bell tolls.

(Wem die Stunde schlägt.)

Ernest Hemingway, amerikanischer Schriftsteller (1899–1961)
Hemingway entnahm obigen Titel seines berühmten Romans den »Meditationen« des englischen Dichters John Donne (1572–1631). In einem der eindringlichsten mementi mori der Weltliteratur heisst es dort: »Therefore never send to know for whom the bell tolls; it tolls for thee.« Frei übersetzt: »Darum frage Du nicht, für wen die Stunde schlägt, denn sie schlägt für dich.«

One of the keys of happiness is a bad memory.

(Einer der Schlüssel zum Glück ist ein schlechtes Gedächtnis.)

Rita Mae Brown, amerikanische Schriftstellerin (geb. 1944)

There is no wealth but life.

(Das Leben ist der einzige Reichtum.)

John Ruskin, englischer Schriftsteller und Kunstkritiker (1819–1900)

I am not in the giving vein today. (aus: *Richard III.*)

(Ich bin heut nicht in Geberlaune.)

William Shakespeare, englischer Dramatiker (1564–1616)

Close your eyes and think of England.

(Schließ die Augen und denke an England.)

Königin Victoria von England (1819–1901)
Ihre rigiden Moralvorstellungen prägten die Geisteshaltung ihrer Zeit. Es heißt, man habe im Viktorianischen Zeitalter sogar die Tischbeine verhüllt, um keine unkeuschen Gedanken aufkommen zu lassen. Mit obigen Worten habe Königin Victoria die Notwendigkeit der ehelichen Pflichten kommentiert. Dabei liebte sie ihren Albert abgöttisch!

Little things affect little minds.

(Nur Kleingeister scheren sich um Nichtigkeiten.)

Benjamin Disraeli, Earl of Beaconsfield, britischer Staatsmann (1804–1881)

Chefs und Kollegen

Wenn man einen Menschen richtig beurteilen will, so frage man sich immer: »Möchtest du den zum Vorgesetzten haben?«
Kurt Tucholsky, deutscher Schriftsteller (1890–1935)

Kein Mensch ist unersetzbar in Geschäften.
Wilhelm Freiherr von Humboldt, preußischer Staatsmann und Gelehrter (1767–1835)

Wo Chef und Stellvertreter immer die gleichen Ansichten haben, ist einer von ihnen überflüssig.
Sir Winston Churchill, englischer Staatsmann (1874–1965)

Der Arbeiter soll seine Pflicht tun, der Arbeitgeber soll mehr tun als seine Pflicht.
Marie von Ebner-Eschenbach, österreichische Schriftstellerin (1830–1916)

Man muss sich vor dem Sieg über Vorgesetzte hüten.
Baltasar Gracián y Morales, spanischer Philosoph und Schriftsteller (1601–1658)

Du sollst dem Ochsen, der da drischt, nicht das Maul verbinden.
5. Mose 25,4

Füge Dich der Zeit, erfülle Deinen Platz / und räum ihn auch getrost: / Es fehlt nicht an Ersatz.
Friedrich Rückert, deutscher Dichter (1788–1866)

Mancher glänzt an zweiter Stelle, dessen Licht an der ersten erlischt.
Voltaire (eigentlich François Marie Arouet), französischer Philosoph und Schriftsteller (1694–1778)

Zusammenkommen ist ein Beginn, Zusammenbleiben ist ein Fortschritt, Zusammenarbeit ist Erfolg.
Henry Ford, amerikanischer Großindustrieller (1863–1947)

Den Charakter eines Menschen erkennt man, wenn er Vorgesetzter geworden ist.
Erich Maria Remarque, eigentlich Paul Remark, deutscher Schriftsteller (1898–1970)

Was mich anbetrifft, so zahle ich für die Fähigkeit, mit Menschen umgehen zu können, mehr als für irgendeine andere auf der Welt.
John Davison Rockefeller, amerikanischer Unternehmer (1839–1937)

Biographisches

Rockefeller gründete 1870 die *Standard Oil Company of Ohio*, 1882 den *Standard Oil Trust*, der 95 Prozent des Ölraffineriegeschäfts der Vereinigten Staaten kontrollierte und galt als reichster Mann der Welt.

Letzten Endes kann man alle wirtschaftlichen Vorgänge auf drei Worte reduzieren: Menschen, Produkte und Profite. Die Menschen stehen an erster Stelle. Wenn man kein gutes Team hat, kann man mit den beiden anderen nicht viel anfangen.
Lee Iacocca, amerikanischer Spitzenmanager (geb. 1924)

Jedes Team braucht bunte Vögel. Aber auch Leute, die sie zu rupfen versuchen.
Karl-Heinz Rummenigge, ehemaliger Fußballnationalspieler (geb. 1955)

Jedenfalls ist es besser, ein eckiges Etwas zu sein, als ein rundes Nichts.
Friedrich Hebbel, deutscher Dramatiker (1813–1863)

Motivation und Ausdauer

Eiserne Ausdauer und klaglose Entsagung sind die zwei äußeren Pole der menschlichen Kraft.
Marie von Ebner-Eschenbach, österreichische Schriftstellerin (1830–1916)

Es gibt zwei Motive der menschlichen Handlungen: Eigennutz und Furcht.
Napoleon I., Kaiser der Franzosen (1769–1821)

Ausdauer und Entschlossenheit sind zwei Eigenschaften, die bei jedem Unternehmen den Erfolg sichern.
Leo Tolstoi, russischer Schriftsteller (1828–1910)

Ausdauer ist edler als Stärke, und Geduld edler als Schönheit.
John Ruskin, englischer Schriftsteller und Kunstkritiker (1819–1900)

Lust und Liebe sind die Fittiche zu großen Taten.
Johann Wolfgang von Goethe, deutscher Dramatiker und Dichter (1749–1832)

Wussten Sie schon ...

So versucht Pylades im 1. Auftritt des 2. Aufzuges von Goethes Schauspiel »Iphigenie auf Tauris« seinem Freund Orest Mut zu machen. Von den Erynnien, den Rachegöttinnen, verfolgt, lastet auf ihm der Fluch des Mordes an seiner Mutter Klytemnästra. Mit diesen Worten drückt man aus, dass eine Tat nur dann erfolgreich sein wird, wenn man mit »Lust und Liebe« dabei ist.

Wir würden uns oft unserer schönsten Taten schämen, wenn die Welt die Beweggründe sähe, aus denen sie hervorgehen.
François La Rochefoucauld, franz. Schriftsteller (1613–1680)

Man muss jedem Hindernis Geduld, Beharrlichkeit und eine sanfte Stimme entgegenstellen.
Thomas Jefferson, 3. Präsident der USA (1743–1826)

Die Hartnäckigen gewinnen die Schlachten.
Napoleon I., französischer Feldherr und Kaiser (1769–1821)

Es gibt bei jeder Handlung erstens das wirkliche Motiv, das verschwiegen wird, zweitens das präsentable, eingeständliche Motiv.
Friedrich Nietzsche, deutscher Philosoph (1844–1900)

Ausdauer ist konzentrierte Geduld.
Thomas Carlyle, englischer Schriftsteller (1795–1881)

Menschenführung und Management

Bin ich meinem Amte in der Tat nicht gewachsen, so ist der zu tadeln, der es mir anvertraut.
Friedrich von Schiller, deutscher Dramatiker (1759–1805)

Ein gutes Mittel gegen die Managerkrankheit: Stecke mehr Zeit in deine Arbeit als Arbeit in die Zeit.
Friedrich Dürrenmatt, schweizerischer Schriftsteller und Dramatiker (1921–1990)

Wie oft verglimmen die gewaltigsten Kräfte, weil kein Wind sie anbläst!
Jeremias Gotthelf (eigentlich Albert Bitzius), schweizerischer Schriftsteller (1797–1854)

Jeder, der in der Wirtschaft Verantwortung übernehmen will, muss lernen, Prioritäten zu setzen.
Lee Iacocca, amerikanischer Spitzenmanager (geb. 1924)

Eine gute Führungskraft gibt jedem Teammitglied das Gefühl, er habe selbst entschieden.
Daniel Goeudevert, französischer Topmanager (geb. 1942)

Einem weisen Knechte muss der Herr dienen, und ein vernünftiger Herr murret nicht darum.
Buch Jesus Sirach 10,28

Es ist gut, dass wir die nicht immer kennen, für die wir arbeiten.
Johann Wolfgang von Goethe, deutscher Dramatiker und Dichter (1749–1832)

Wer befehlen kann, findet welche, die gehorchen müssen.
Friedrich Nietzsche, deutscher Philosoph (1844–1900)

Im Management ist die Kontrolle über die Stimmung wahrscheinlich wichtiger als viele komplizierte Verfahren, die in komplizierten Grafiken dargestellt sind.
Ernest Dichter, amerikanischer Wirtschaftspsychologe (1907–1991)

Es ist die Aufgabe des Topmanagers, sich entbehrlich zu machen.
Manfred Köhnlechner, deutscher Arzt (1925–1998)

Behandelt die Menschen so, als ob sie schon so wären, wie ihr sie haben wollt – es ist der einzige Weg, sie dazu zu machen.
Johann Wolfgang von Goethe, deutscher Dramatiker und Dichter (1749–1832)

Die Welt ist voll brauchbarer Menschen, aber leer an Leuten, die den brauchbaren Mann anstellen.
Johann Heinrich Pestalozzi, schweizerischer Pädagoge und Philosoph (1746–1827)

Ein gescheiter Mann muss so gescheit sein, Leute anzustellen, die viel gescheiter sind als er.
John F. Kennedy, 35. Präsident der Vereinigten Staaten (1917–1963)

Niemand kann andere Menschen gut führen, wenn er sich nicht ehrlich an deren Erfolg zu freuen vermag.
Thomas Mann, deutscher Schriftsteller (1875–1955)

Profit und Reichtum

Die Liebe zum Profit beherrscht die ganze Welt.
Aristophanes, griechischer Dichter (um 445–385 v. Chr.)

Der Wege, sich zu bereichern, sind viele, Sparsamkeit ist einer der besten.
Sir Francis Bacon, englischer Staatsmann und Philosoph (1561–1626)

Dem wachsenden Reichtum folgt die Sorge.
Horaz (Quintus Horatius Flaccus), römischer Dichter (65–8 v. Chr.)

Ich will einen Mann, der nett und verständnisvoll ist. Ist das zuviel verlangt von einem Millionär?
Anke Engelke, TV-Comedy-Star (geb. 1965)

Die schönen Tage sind das Privileg der Reichen. Aber die schönen Nächte sind das Monopol der Glücklichen.
Johann Nepomuk Nestroy, österreichischer Schriftsteller (1801–1862)

Man braucht den Appetit des Armen, um das Vermögen des Reichen zu genießen.
Antoine Rivarol, französischer Moralist (1753–1801)

Ein reicher Mann ist ein armer Mann mit sehr viel Geld.
Howard Hughes, amerikanischer Industrieller (1905–1976)

Reich wird man erst durch Dinge, die man nicht begehrt.
Mahatma Gandhi (eigentlich Mohandas Karamchand), indischer Staatsmann (1869–1948)

Der eigentliche Sinn des Reichtums ist, freigebig davon zu spenden.
Blaise Pascal, franz. Philosoph und Mathematiker (1623–1662)

Reichtum macht das Herz schneller hart als kochendes Wasser ein Ei.
Ludwig Börne, deutscher Schriftsteller und Theaterkritiker (1786–1837)

Leider gibt es Tugenden, die man nur ausüben kann, wenn man reich ist.
Antoine Rivarol, französischer Moralist (1753–1801)

Sparsamkeit und Geiz

Es gibt Menschen, die geizen mit ihrem Verstande wie andere mit ihrem Gelde.
Ludwig Börne, deutscher Schriftsteller und Theaterkritiker (1786–1837)

Ihr nennt mich einen kargen Mann? / Gebt mir, was ich verprassen kann!
Johann Wolfgang von Goethe, deutscher Dramatiker und Dichter (1749–1832)

Gib auf den Groschen Acht. Der Taler wird auf sich selbst Acht geben.
George Bernard Shaw, irischer Dramatiker (1856–1950)

Das Meer noch niemals größer ward/weil eine Gans das Wasser spart.
Freidank, deutscher Spruchdichter (um 1230)

Für Verschwender ist das Geld rund, für Sparsame flach.
Honoré de Balzac, französischer Schriftsteller (1799–1850)

Man gönnt sich ja sonst nichts.

Wussten Sie schon ...

Diese viel zitierte Wendung, mit der man sich augenzwinkernd gestattet, gelegentlich ein wenig über die Stränge zu schlagen, stammt aus der deutschen Fernsehwerbung für Aquavit. Ein stattlicher Gourmand, verkörpert von dem beliebten Schauspieler Günter Strack, freut sich mit diesen Worten auf den krönenden Abschluss eines opulenten Mahls.

Gewinne nie Habsüchtige zu Freunden.
Epikur, griechischer Philosoph (341 v. Chr.–271 v. Chr.)

Ein Geizhals gönnt sich einen Genuss und liest in einem Kochbuch.
Friedrich Hebbel, deutscher Dramatiker (1813–1863)

Geld und Börse

Besteht nun die heutige Religion in der Geldwerdung Gottes oder in der Gottwerdung des Geldes?
Heinrich Heine, deutscher Dichter (1797–1856)

Der verlorenste aller Tage ist der, an dem man nicht spekuliert hat.
Nicolas de Chamfort, französischer Schriftsteller (1741–1794)

Geld hat noch keinen reich gemacht.
Lucius Annaeus Seneca, römischer Dichter und Philosoph (um 4 v. Chr. – 65 n. Chr.)

Was ist tragisch? Ihn aus Liebe heiraten und dann feststellen, dass er pleite ist.
Mena Suvari, amerikanische Schauspielerin (geb. 1979)

Als ich jung war, glaubte ich, Geld sei das Wichtigste im Leben, jetzt wo ich alt bin, weiß ich, dass es das Wichtigste ist.
Oscar Wilde, englischer Schriftsteller (1854–1900)

Sobald das Geld im Beutel klingt, die Seele in den Himmel springt.
Hans Sachs, deutscher Meistersinger und Schriftsteller (1494–1576)

Wussten Sie schon ...

So zitiert Sachs den Ablassprediger Johannes Tetzel (um 1465–1519), dessen Predigten vor allem auf Gelderlös abzielten. Andere Quellen zitieren Tetzel so: »Sobald das Geld im Kasten klingt, / Die Seele aus dem Fegfeuer springt.« Die Predigten bildeten den Höhepunkt des mittelalterlichen Ablasshandels, welcher Luther zur Veröffentlichung seiner 95 Thesen veranlasste. Dieser Tag, der 31.10.1517, gilt als Beginn der Reformation.

Für Börsenspekulationen ist der Februar einer der gefährlichsten Monate. Die anderen sind Juli, Januar, September, April, November, Mai, März, Juni, Dezember, August und Oktober.
Mark Twain, amerikanischer Schriftsteller (1835–1910)

Geld gleicht dem Dünger, der wertlos ist, wenn man ihn nicht ausbreitet.
Sir Francis Bacon, englischer Staatsmann und Philosoph (1561–1626)

Börse: Thermometer der öffentlichen Meinung.
Gustave Flaubert, französischer Schriftsteller (1821–1880)

Ach, reines Glück genießt doch nie, / wer zahlen soll und weiß nicht wie.
Wilhelm Busch, deutscher Dichter und Maler (1832–1908)

Wo Geld voran geht, sind alle Wege offen.
William Shakespeare, englischer Dramatiker (1564–1616)

Denn Geldgier ist die Wurzel allen Übels …
1. Tim 6,10

Es ist meist leichter, mit einem Mann auszukommen, als mit seinem Geld.
Ingrid van Bergen, deutsche Schauspielerin (geb. 1931)

Er fühlte sich wie neu gestärkt, / als er so viel Geld bemerkt.
Wilhelm Busch, deutscher Dichter und Maler (1832–1908)

Kann sich jemand daran erinnern, wann die Zeiten nicht schlecht und das Geld nicht knapp war?
Ralph Waldo Emerson, amerikanischer Dichter und Philosoph (1803–1882)

Geld ist geprägte Freiheit.
Fjodor Michailowitsch Dostojewskij, russischer Dichter (1821–1881)

Es gibt Leute; die zahlen für Geld jeden Preis.
Arthur Schopenhauer, deutscher Philosoph (1788–1860)

Geld im Alter: Besser sterbend den Gegnern etwas hinterlassen als lebend die Freunde anbetteln.
Platon, griechischer Philosoph (427–347 v. Chr.)

Welt und Religion

Die Schönheit einer Abenddämmerung, der Duft einer Blume, der Anblick des Himmels oder eines Baumes kann unendlich gut tun – die eigenen Belange treten in den Hintergrund, werden relativ. Und ob Jesus oder hinduistisches Pantheon: Damals wie heute kann uns die Verehrung dessen, was uns heilig ist, Schutz und Trost spenden.

Kosmos und Natur

Am Donner des schäumenden Wasserfalls oder beim Glanze jener leuchtenden Systeme, die sich über uns kreuzen, findet der wahre Mensch seine heiligsten Stunden.
Gottfried Keller, schweizerischer Schriftsteller (1819–1890)

Weißt du, wie viel Sternlein stehen / An dem blauen Himmelszelt?
Johann Wilhelm Hey, deutscher Dichter (1789–1854)

Sterne mit den goldnen Füßchen / Wandeln droben bang und sacht, / Dass sie nicht die Erde wecken, / Die da schläft im Schoß der Nacht.
Heinrich Heine, deutscher Dichter (1797–1856)

Der Mond ist aufgegangen, / Die goldnen Sternlein prangen / Am Himmel hell und klar; / Der Wald steht schwarz und schweiget, / Und aus den Wiesen steiget / Der weiße Nebel wunderbar.
Matthias Claudius, dt. Dichter und Redakteur (1740–1815)

Wer auf dem Mond gewesen ist, für den gibt es auf Erden keine Ziele mehr.
Edwin Aldrin, amerikanischer Astronaut (geb. 1930)

Durch bewegter Schatten Spiele / zittert Lunas Zauberschein, / Und durchs Auge schleicht die Kühle / sänftigend ins Herz hinein.
Johann Wolfgang von Goethe, deutscher Dramatiker und Dichter (1749–1832)

Nichts verwirrt mich mehr als Zeit und Raum; und doch beunruhigt mich nichts weniger.
Charles Lamb, engl. Essayist und Schriftsteller (1775–1834)

Der Wert des Weltalls liegt im kleinsten Punkt.
Ralph Waldo Emerson, amerikanischer Dichter und Philosoph (1803–1882)

Was hast Du an Dir, Mond, dass Du mein Herz so seltsam bewegst?
John Keats, englischer Dichter (1795–1821)

Bei einem Fluss ist das Wasser, das man berührt, das Letzte von dem, was vorübergeströmt ist, und das Erste von dem, was kommt. So ist es auch mit der Gegenwart.
Leonardo da Vinci, italienischer Maler, Bildhauer und Naturforscher (1452–1519)

Licht von fernen Orten hat die Reise zur Erde hinter sich und fällt in unsere neuen Augen, die Teleskope …
Michael Rowan-Robinson, britischer Mathematiker (geb. 1942)

Wie bist du vom Himmel gefallen, du schöner Morgenstern!
Jes 14,12

Wussten Sie schon …

Diese Worte aus dem Alten Testament beziehen sich möglicherweise auf Luzifer, den gefallenen Engel. Der Name bedeutet auf lateinisch »Lichtbringer«. Nach anderen Quellen ist der gestürzte König von Babylon damit gemeint. Meist wird die Abwandlung »aus allen Wolken fallen« zitiert. Damit will man die Wirkung eines überraschenden Ereignisses beschreiben, das nicht immer positiver Natur ist.

In der Natur ist kein Irrtum, sondern wisse, der Irrtum ist in dir.
Leonardo da Vinci, italienischer Maler, Bildhauer und Naturforscher (1452–1519)

Die Folianten vergilben, der Städte gelehrter Glanz erbleicht, aber das Buch der Natur erhält jedes Jahr eine neue Auflage.
Hans Christian Andersen, dänischer Märchendichter (1805–1875)

O stört sie nicht, die Feier der Natur!
Friedrich Hebbel, deutscher Dramatiker (1813–1863)

Wussten Sie schon ...

So beginnt die 2. Strophe von Hebbels Gedicht »Herbstbild«, wo es weiter heißt: »Dies ist die Lese, die sie selber hält; / Denn heute löst sich von den Zweigen nur, / Was vor dem milden Strahl der Sonne fällt.« Zitiert sollen die Zeilen die menschliche Ergriffenheit angesichts von Naturerscheinungen beschreiben.

Wer die Natur als göttliches Organ leugnen will, der leugne nur gleich alle Offenbarung!
Johann Wolfgang von Goethe, deutscher Dramatiker und Dichter (1749–1832)

Wo die Natur nicht will, ist die Arbeit umsonst.
Lucius Annaeus Seneca, römischer Dichter und Philosoph (um 4 v. Chr. – 65 n. Chr.)

Der reiche Geist legt sich in die Sonne und schläft und fühlt sich eins mit der Natur.
Ralph Waldo Emerson, amerikanischer Dichter und Philosoph (1803–1882)

Hätte die Natur so viele Gesetze als der Staat, Gott selbst könnte sie nicht regieren.
Ludwig Börne, deutscher Schriftsteller und Theaterkritiker (1786–1837)

Tiere und Pflanzen

Wer sich nicht mit der Löwenhaut bekleiden kann, der nehme den Fuchspelz.
Baltasar Gracián y Morales, spanischer Philosoph und Schriftsteller (1601–1658)

Eins, aber es ist ein Löwe.
Äsop, griechischer Dichter (6. Jh. v. Chr.)

Wussten Sie schon ...

In Äsops Fabel »Die Löwin und der Fuchs« gibt die Löwin auf die spöttische Frage, wie viele Junge sie geboren habe, dem Fuchs diese Antwort.

Bringen Sie heute Abend Ihren Mops mit, damit wir etwas haben, worüber wir sprechen können.
Frank Wedekind, deutscher Schriftsteller (1864–1918)

Gut ist es, Pferd zu sein / ungebunden im Junilicht, / in der Nähe von Selva Negra ...
Pablo Neruda, chilenischer Dichter (1904–1973)

Was haben Hunde und Männer gemeinsam? Wenn ein Mann 28 wird, ist er in Wirklichkeit erst vier.
Sissy Perlinger, deutsche Entertainerin (geb. 1963)

Der Fuchs kann viel, der Igel eine große Kunst.
Archilochos, Erneuerer der griechischen Poesie (um 650 v. Chr.)

Der Fluss lobsingt die Sterne im Gebüsch! / Geruch von Pfefferminz und Thymian / Ein kleiner Wind macht unsre Stirnen frisch / So hat es Gott uns Kindern angetan.
Bertold Brecht, dt. Dichter und Dramaturg (1898–1956)

Ein Ehemann – wozu? Mein Papagei flucht, mein Hund knurrt mich an, das Rauchen besorgt der Kamin, meine Katze kommt erst im Morgengrauen nach Hause und mein Hausarzt sieht mich sogar gelegentlich an.
Bette Midler, amerikanische Schauspielerin und Sängerin (geb. 1945)

Und Minz und Maunz, die Katzen, / erheben ihre Tatzen. / Sie drohen mit den Pfoten: / »Der Vater hat's verboten! / Miau! Mio! Miau! Mio! / laß stehn! sonst brennst du lichterloh. (aus: *Der Struwwelpeter*)
Dr. Heinrich Hoffmann, deutscher Arzt (1809–1894)

Die Möwen sehen alle aus / Als ob sie Emma hießen.
Christian Morgenstern, deutscher Schriftsteller (1871–1914)

In unsere Kühe kommen nur Wasser, Getreide und Gras.
Renate Künast, deutsche Politikerin (geb. 1955)

Immer, wenn man ein Tier genau betrachtet, hat man das Gefühl, ein Mensch, der drin sitzt, macht sich über einen lustig.
Elias Canetti, bulgarischer Schriftsteller (1905–1994)

Es war die Nachtigall, und nicht die Lerche … (aus: *Romeo und Julia*)
William Shakespeare, englischer Dramatiker (1564–1616)

Wussten Sie schon …

Das berühmte Zitat stammt aus Shakespeares Tragödie »Romeo und Julia« (III,5). Julia will ihren Romeo nach der gemeinsamen Nacht noch nicht gehen lassen. Die Nachtigall versinnbildlicht die Zeit, in der sie ihre verbotene Liebe leben können, die Lerche den anbrechenden Tag, der sie trennt. Heute wird das Zitat verwendet, wenn für etwas noch genug Zeit bleibt oder etwas Positives hervorgehoben werden soll.

Als ich einmal eine Spinne erschlagen, / dacht' ich, ob ich das wohl gesollt? / Hat Gott ihr doch wie mir gewollt / Einen Anteil an diesen Tagen!
Johann Wolfgang von Goethe, deutscher Dramatiker und Dichter (1749–1832)

Es ist wichtiger, dass jemand sich über eine Rosenblüte freut, als dass er ihre Wurzel unter das Mikroskop bringt.
Oscar Wilde, englischer Schriftsteller (1854–1900)

Du bist wie eine Blume, / So hold und schön und rein; / Ich schau dich an, und Wehmut / Schleicht mir ins Herz hinein.
Heinrich Heine, deutscher Dichter (1797–1856)

Bäume sterben aufrecht.
Alejandro Casona, spanischer Dramatiker (1903–1965)

Wussten Sie schon ...

Dieser deutsche Titel von Casonas Komödie »Los arbóles mueren de pie« wurde seit der Uraufführung 1949 zum geflügelten Wort. Man will damit ausdrücken, dass es Menschen gibt, die bis ans Lebensende ihren Prinzipien treu bleiben. In der Komödie geht es um eine Großmutter, die sich jahrelang über den zweifelhaften Charakter ihres geliebten Enkels täuschen ließ. Als sie mit der Wahrheit konfrontiert wird, verzweifelt sie nicht daran, sondern spielt das Spiel sogar weiter mit.

Das ist im Leben hässlich eingerichtet / Dass bei den Rosen gleich die Dornen stehn ...
Joseph Victor von Scheffel, deutscher Dichter (1826–1886)

Es zahlt sich das Meiste auf Erden; wer seiner Bäume am fleißigsten wartet, der erntet auch reichlich von ihnen.
Jeremias Gotthelf (eigentlich Albert Bitzius), schweizerischer Schriftsteller (1797–1854)

Was duftet doch der Flieder / so mild, so stark und voll! (aus: *Die Meistersinger von Nürnberg*)
Richard Wagner, deutscher Komponist (1813–1883)

Und kommt ein Jung' übern Kirchhof her / So flüstert's im Baume: »Wiste 'ne Beer?« / Und kommt ein Mädel, so flüstert's: » Lütt Dirn, kumm man röwer, ick gev di 'ne Birn!«
Theodor Fontane, deutscher Dichter (1819–1898)

Wussten Sie schon ...

In Fontanes Gedicht »Herr von Ribbeck auf Ribbeck im Havelland« von 1889 geht es um einen Gutsherrn, den die Kinder lieben, weil er ihnen im Herbst immer Birnen aus seinem Garten schenkt. Da er weiß, dass sein Sohn geizig ist, lässt er sich eine Birne mit ins Grab geben. Später wächst aus dem Grab ein Birnbaum, aus dem die zitierten Worte kommen. Die Schlussverse sind: »So spendet Segen noch immer die Hand / Des von Ribbeck auf Ribbeck im Havelland.«

So lasst uns denn ein Apfelbäumchen pflanzen. Es ist soweit.
Hoimar von Ditfurth, deutscher Publizist (1921–1989)

Wetter und Jahreszeiten

Das muss man dem Frühling hoch anrechnen: Alle Jahre besingen ihn die Dichter, und er kommt trotzdem immer wieder.
Karl Valentin, deutscher Komiker (1882–1948)

Nur durch den Winter wird der Lenz errungen.
Gottfried Keller, schweizerischer Schriftsteller (1819–1890)

Wo der Wind sie hingetragen, / ja, das weiß kein Mensch zu sagen. (aus: *Der Struwwelpeter*)
Dr. Heinrich Hoffmann, deutscher Arzt (1809–1894)

Auch aus entwölkter Höhe kann der zündende Donner schlagen.
Friedrich von Schiller, deutscher Dramatiker (1759–1805)

Im Grunde des Herzens eines jeden Winters liegt ein Frühlingsahnen, und hinter dem Schleier jeder Nacht verbirgt sich ein lächelnder Morgen.
Khalil Gibran, libanesischer Dichter und Maler (1883–1931)

Das Gute am Winter ist, dass keine Männer mit kurzen Hosen herumlaufen.
Mary Pierce, französische Tennisspielerin (geb. 1975)

Sonnenschein ist köstlich, Regen erfrischt, Wind kräftigt, Schnee erheitert. Es gibt kein schlechtes Wetter, es gibt nur verschiedene Arten von gutem.
John Ruskin, englischer Schriftsteller und Kunstkritiker (1819–1900)

Jeder schimpft auf das Wetter, aber keiner tut etwas dagegen.
Mark Twain, amerikanischer Schriftsteller (1835–1910)

Frühling lässt sein blaues Band / Wieder flattern durch die Lüfte …
Eduard Mörike, deutscher Dichter (1804–1875)

Hört ihrs wimmern hoch vom Turm? / Das ist der Sturm! (aus: *Das Lied von der Glocke*)
Friedrich von Schiller, deutscher Dramatiker (1759–1805)

Das Frühjahr kommt. Wach auf, du Christ! / Der Schnee schmilzt weg. Die Toten ruhn. / Und was noch nicht gestorben ist / Das macht sich auf die Socken nun. (aus: *Mutter Courage und ihre Kinder*)
Bertold Brecht, deutscher Dichter und Dramaturg (1898–1956)

Und dräut der Winter noch so sehr / Mit trotzigen Gebärden, / Und streut er Eis und Schnee umher, / Es muss doch Frühling werden.
Emanuel Geibel, deutscher Dichter (1815–1884)

Der Weise äußert sich vorsichtig, der Narr mit Bestimmtheit über das kommende Wetter.
Wilhelm Busch, deutscher Dichter und Maler (1832–1908)

So still in den Feldern allen, / Der Garten ist lange verblüht, / Man hört nur flüsternd die Blätter fallen, / Die Erde schläfert – ich bin so müd.
Joseph Freiherr von Eichendorff, deutscher Schriftsteller (1788–1857)

Man darf am Wetter nie verzweifeln, solange noch ein blauer Fleck am Himmel steht.
Arthur Schopenhauer, deutscher Philosoph (1788–1860)

Und über uns im schönen Sommerhimmel / War eine Wolke, die ich lange sah / Sie war sehr weiß und ungeheuer oben / Und als ich aufsah, war sie nimmer da.
Bertold Brecht, dt. Dichter und Dramaturg (1898–1956)

Wussten Sie schon …

Diese Verse finden sich in der ersten Strophe von Brechts Gedicht »Erinnerung an die Marie A.« (1920). Es erzählt von einer jungen Liebe, die bis auf zwei bestimmte Erinnerungsmomente – den getauschten Kuss und die weiße Wolke – der Auslöschung durch die Zeit anheim gefallen ist. Die letzte Strophe beginnt mit: »Und auch den Kuss, ich hätt ihn längst vergessen / Wenn nicht die Wolke dagewesen wär / Die weiß ich noch und werd ich immer wissen / Sie war sehr weiß und kam von oben her …«

Fernöstliche Weisheit

Wer am falschen Faden arbeitet, zerstört das ganze Gewebe.

Konfuzius, chin. Philosoph
und Staatsmann (551–479 v. Chr.)

Weisheit befreit vom Zweifel, die Tugend befreit vom Leiden, Entschluss befreit von Furcht. Wer sich nicht selbst bemüht, dem mag ich nicht weiterhelfen; wer nicht selbst das Wort sucht, dem zeige ich es nicht.

Konfuzius, chin. Philosoph
und Staatsmann (551–479 v. Chr.)

Nicht sich wenig glauben; / nicht sich klein glauben; / nicht glauben und es ist nicht.

Lao-tse, chin. Philosoph, Begründer des Taoismus (6. Jh. v. Chr.)

Dass Keime nicht zu Blüten werden, ach, das kommt vor. / Dass Blüten nicht zu Früchten werden, ach, das kommt vor.

Konfuzius, chin. Philosoph
und Staatsmann (551–479 v. Chr.)

Eine Reise von tausend Meilen / beginnt mit dem ersten Schritt.

Lao-tse, chin. Philosoph,
Begründer des Taoismus (6. Jh. v. Chr.)

Erzeuge, aber nimm nicht in Besitz. / Handle ohne Erwartung. / Fördere, ohne zu beherrschen. / Dies nennt man die subtilen Kräfte.

Lao-tse, chin. Philosoph, Begründer des Taoismus (6. Jh. v. Chr.)

Der Weg ist das Ziel.
Konfuzius, chin. Philosoph
und Staatsmann (551–479 v. Chr.)

Gewalt zerbricht an sich selbst.
Lao-tse, chin. Philosoph, Begründer des Taoismus (6. Jh. v. Chr.)

**Des Himmels Netz hat weite Maschen
und doch entkommt ihm nichts.**
Lao-tse, chin. Philosoph, Begründer des Taoismus (6. Jh. v. Chr.)

**Der sittliche Mensch liebt seine Seele,
der gewöhnliche sein Eigentum.**
Konfuzius, chin. Philosoph
und Staatsmann (551–479 v. Chr.)

**Die Dinge im Keim zu erkennen,
das ist Schöpferkraft.**
Lao-tse, chin. Philosoph, Begründer des Taoismus (6. Jh. v. Chr.)

**Blühendes Gras auf dem alten Schlachtfeld /
den Träumen entsprossen / der toten Krieger.**
Bashō (eigentlich Matsuo Munefusa), jap. Dichter (1644–1694)

**Wenn Ameisen und Frauen in Eile sind,
droht immer ein Erdbeben.**
Konfuzius, chin. Philosoph
und Staatsmann (551–479 v. Chr.)

**Zuerst die innere Haltung, dann die
äußere Form! Es ist wie beim Malen,
wo man Glanzlichter zuletzt aufsetzt.**
Konfuzius, chin. Philosoph
und Staatsmann (551–479 v. Chr.)

**Die Erinnerung ist eine mysteriöse Macht.
Sie bildet Menschen um. Wer das, was
schön war, vergisst, wird böse. Wer das,
was schlimm war, vergisst, wird dumm.**
Lao-tse, chin. Philosoph, Begründer des Taoismus (6. Jh. v. Chr.)

Das Unscheinbare zu beachten, ist Einsicht. / Der Gewalt auszuweichen, ist Stärke.

Lao-tse, chin. Philosoph, Begründer des Taoismus (6. Jh. v. Chr.)

Geboren werden heißt, zu sterben anfangen.

Lao-tse, chin. Philosoph, Begründer des Taoismus (6. Jh. v. Chr.)

**Nur der Liebende ist mutig,
nur der Genügsame ist großzügig,
nur der Demütige ist fähig, zu herrschen.**

Lao-tse, chin. Philosoph, Begründer des Taoismus (6. Jh. v. Chr.)

Mein Herz, das dich liebt / ist in tausend Stücke / zerbrochen / Doch bleibt es erhalten / in jedem einzelnen Splitter.

Izumi Shikibu, japanische Dichterin (10. Jh. –11. Jh.)

**Die fünf Farben machen das Auge blind. /
Die fünf Töne machen das Ohr taub. /
Die fünf Geschmäcker machen die Zunge tot. /
Hetzen und Jagen machen den Geist toll.**

Lao-tse, chin. Philosoph, Begründer des Taoismus (6. Jh. v. Chr.)

**Das Alter der Eltern darf man nie vergessen. /
Erstens, um sich darüber zu freuen. /
Zweitens, um sich darüber zu sorgen.**

Konfuzius, chin. Philosoph und Staatsmann (551–479 v. Chr.)

Weisheit befreit vom Zweifel, die Tugend befreit vom Leiden, Entschluss befreit von Furcht.

Konfuzius, chin. Philosoph
und Staatsmann (551–479 v. Chr.)

Wer anderer Not löst, der ist der Erlöste.

Lao-tse, chin. Philosoph, Begründer des Taoismus (6. Jh. v. Chr.)

Ehrerbietung ohne Einhaltung der Form wird zu Kriecherei. / Vorsicht ohne Einhaltung der Form wird zu Ängstlichkeit. / Mut ohne Einhaltung der Form wird zu Auflehnung. / Aufrichtigkeit ohne Einhaltung der Form wird zu Grobheit.

Konfuzius, chin. Philosoph und Staatsmann (551–479 v. Chr.)

Im Sturm des Herbstes / Zerbrochen und so traurig / Der Maulbeerstrauch dort.

Bashō (eigentlich Matsuo Munefusa), jap. Dichter (1644–1694)

Wo unter den Menschen die Bescheidenheit schwindet, schwillt die Furcht.

Lao-tse, chin. Philosoph, Begründer des Taoismus (6. Jh. v. Chr.)

Plane das Schwierige da, wo es noch leicht ist. / Tue das Große da, wo es noch klein ist. / Alles Schwere auf Erden beginnt stets als Leichtes. / Alles Große auf Erden beginnt stets als Kleines.

Lao-tse, chin. Philosoph, Begründer des Taoismus (6. Jh. v. Chr.)

Jeder ist berufen, etwas in der Welt zur Vollendung zu bringen.

Bashō (eigentlich Matsuo Munefusa), jap. Dichter (1644–1694)

Erfahrung ist wie eine Laterne im Rücken. Sie beleuchtet immer nur das Stück des Weges, das wir bereits hinter uns haben.

Konfuzius, chin. Philosoph und Staatsmann (551–479 v. Chr.)

Als meine Augen alles / gesehen hatten, kehrten sie zurück / zur weißen Chrysantheme.

Bashō (eigentlich Matsuo Munefusa), jap. Dichter (1644–1694)

Glaube, Religion und Weltanschauung

Von dem Augenblick an, wo eine Religion bei der Philosophie Zuflucht nimmt, ist ihr Untergang unabwendlich.
Immanuel Kant, deutscher Philosoph (1724–1804)

Wir haben gerade Religion genug, um einander zu hassen, aber nicht genug, um einander zu lieben.
Jonathan Swift, englischer Schriftsteller (1667–1745)

Die Religionen müssen alle toleriert werden und muss der Fiskal nur ein Auge darauf haben, dass keine der anderen Abbruch tue; denn hier muss ein jeder nach seiner Fasson selig werden.
Friedrich II. (der Große), preußischer König (1712–1786)

Wussten Sie schon ...

Damit beantwortete Friedrich der Große am 22.6.1740 eine Anfrage des Staatsministers von Brand und des Konsistorialpräsidenten von Reichenbach. Sie wollten wissen, ob die römisch-katholischen Schulen wegen ihrer Unzuträglichkeit wieder abgeschafft werden sollten. Die viel zitierte Abwandlung »Jeder soll nach seiner Fasson selig werden« umschreibt die Auffassung, jeder solle nach eigenen Wertvorstellungen leben dürfen.

Eine spirituelle Revolution wird eine ethische nach sich ziehen.
Der 14. Dalai Lama (Geburtsname: Tenzin Gyatso), kirchliches Oberhaupt des tibetischen Lamaismus (geb. 1935)

Es ist unmöglich, dass ein Mensch ohne Religion seines Lebens froh werde.
Immanuel Kant, deutscher Philosoph (1724–1804)

Ich nehme an der Politik teil, weil ich denke, dass kein Lehrbereich von der Religion getrennt werden kann.
Mahatma Gandhi (eigentlich Mohandas Karamchand), indischer Staatsmann (1869–1948)

Der Mensch hat zwei Beine und zwei Überzeugungen: eine, wenn's ihm gut geht, und eine, wenn's ihm schlecht geht. Die letztere heißt Religion.
Kurt Tucholsky, deutscher Schriftsteller (1890–1935)

Religion ist auch Partei.
Gotthold Ephraim Lessing, deutscher Dramatiker und Dichter (1729–1781)

Ist es nicht seltsam, dass die Menschen so gern für ihre Religion fechten und so ungern nach ihren Vorstellungen leben?
Georg Christoph Lichtenberg, deutscher Schriftsteller und Physiker (1742–1799)

Mach dir deine eigenen Götter, und unterlasse es, dich mit einer schnöden Religion zu beflecken.
Epikur, griechischer Philosoph (341–271 v. Chr.)

Es liegt wohl im Wesen des Religiösen, dass es, wenn es sich einmal auf den Weg gemacht hat, nicht mehr Halt machen kann.
Christian Morgenstern, deutscher Schriftsteller (1871–1914)

Ich bin zu dem Schluss gekommen, wer die Lehren anderer Religionen ehrfürchtig studiert – ganz gleich, zu welchem Glauben er sich selbst bekennt –, sein Herz sich weitet und nicht verengt.
Mahatma Gandhi (eigentlich Mohandas Karamchand), indischer Staatsmann (1869–1948)

Du weißt es, die Religionen sind wie die Leuchtwürmer: Um zu leuchten, bedürfen sie der Dunkelheit.
Arthur Schopenhauer, deutscher Philosoph (1788–1860)

Die Erkenntnis des Urgesetzes im Innern ist ein Gefühl, das wir das religiöse nennen und das unser höchstes Glück ist.
Ralph Waldo Emerson, amerikanischer Dichter und Philosoph (1803–1882)

Gott ist tot!
Friedrich Nietzsche, deutscher Philosoph (1844–1900)

Wussten Sie schon ...

Der »tolle Mensch« im 125. Stück von Nietzsches »Fröhlicher Wissenschaft« (1882) ruft: »Gott ist tot! Gott bleibt tot!« Diese Sätze scheinen Nietzsches fundamentale Ablehnung des Christentums zu stützen und werden meist so zitiert. Im Folgenden schrieb er jedoch: »Und wir haben ihn getötet! Wie trösten wir uns, die Mörder aller Mörder? Das Heiligste und Mächtigste, was die Welt bisher besaß, es ist unter unsern Messern verblutet – wer wischt dies Blut von uns ab?« Nietzsche geht an dieser Textstelle durchaus von einer Existenz Gottes als verehrungswürdiges Wesen aus und konstatiert lediglich dessen Tod.

Eine feste Burg ist unser Gott, / Ein gute Wehr und Waffen.
Martin Luther, deutscher Theologe (1483–1546)

Gebet dem Kaiser, was des Kaisers ist, und Gott, was Gottes ist.
Mt 22,21

Ebenso wahrhaft wie Gott unser Vater ist, so wahrhaft ist Gott auch unsere Mutter.
Juliana von Norwich, englische Mystikerin und Schriftstellerin (um 1340–1413)

Im Werke meiner Hände hör' meiner Sehnsucht Schrei: / Du Gott, zu dem ich bete – Herr, geh' mir nicht vorbei!
Lulu von Strauß und Torney, deutsche Dichterin (1873–1956)

Und gäb' es keinen Gott, so müsst' man ihn erfinden.
Voltaire (eigentlich François Marie Arouet), französischer Philosoph und Schriftsteller (1694–1778)

Am Anfang war das Wort, und das Wort war bei Gott, und Gott war das Wort.
Joh 1,1

Die Frage, ob ein Schöpfer und Regierer des Weltalls existiert, ist von den größten Geistern, welche je gelebt haben, bejahend beantwortet.
Charles Darwin, englischer Naturforscher (1809–1882)

Der hat viel gelernt, der auf Gott still horchen gelernt hat.
Johann Kaspar Lavater, schweizerischer Pfarrer (1741–1801)

Das ist meine Weltanschauung, wer aber die gegenteilige hat, kann weise sein, sagt der Weise.
Das ist meine Weltanschauung, und wer eine andere hat, ist ein Tor, sagt der Tor.
Marie von Ebner-Eschenbach, österreichische Schriftstellerin (1830–1916)

Wir glauben, dass die Welt vor allem gedacht werden muss.
Antoine de Saint-Exupéry, französischer Schriftsteller und Flieger (1900–1944)

Man achte gerade auf die kleinen Dinge. Gehe ihnen nach. Was leicht und seltsam ist, führt oft am weitesten.
Ernst Bloch, deutscher Philosoph (1885–1977)

Die gefährlichste aller Weltanschauungen ist die der Leute, welche die Welt nie angeschaut haben.
Alexander Freiherr von Humboldt, deutscher Naturforscher (1769–1859)

In einer Werkstatt hat man nicht den Mut, den Handwerker zu tadeln, in dieser Welt aber nimmt sich jeder Naseweis heraus, an Gott Kritik zu üben.
Augustinus Aurelius, Bischof von Hippo, Philosoph, Kirchenlehrer und Heiliger (354–430)

Philosophie und Religion ist für den Menschen vielleicht nur der Gefrierpunkt gegen den Wahnsinn. Vor der Kälte des Universums zieht sich das Wasser als Haut zusammen, so vor der Kälte des Unbegreiflichen der Geist zur Weisheit, das Herz zum Glauben.
Christian Morgenstern, deutscher Schriftsteller (1871–1914)

Freiheit

Sie streiten sich, so heißt's, um Freiheitsrechte; / Genau besehn, sind's Knechte gegen Knechte. (aus: *Faust II*)
Johann Wolfgang von Goethe, deutscher Dramatiker und Dichter (1749–1832)

Männer sagen, sie mögen unabhängige Frauen. Aber sie verschwenden keine Zeit, ihnen diese Unabhängigkeit Stück für Stück zu nehmen.
Candice Bergen, amerikanische Schauspielerin (geb. 1946)

Ein freies Leben führen wir, / Ein Leben voller Wonne. / Der Wald ist unser Nachtquartier, / Bei Sturm und Wind hantieren wir, / Der Mond ist unsre Sonne … (aus: *Die Räuber*)
Friedrich von Schiller, deutscher Dramatiker (1759–1805)

Denn herrenlos ist auch der Freiste nicht.
Friedrich von Schiller, deutscher Dramatiker (1759–1805)

Es ist unlogisch und gefährlich, Charakterzüge zu romantisieren, für die man mit Freiheit und Würde zahlt.
Phyllis Chesler, amerik. Psychologin und Autorin (geb. 1941)

Freiheit ist immer nur Freiheit des Andersdenkenden.
Rosa Luxemburg, sozialistische Politikerin (1871–1919)

Wussten Sie schon ...

Diese Worte sind in der Schrift »Die Russische Revolution. Eine kritische Würdigung« aus Luxemburgs Nachlass notiert, die 1922 veröffentlicht wurde. Die Politikerin vertritt darin die Überzeugung, dass »politische Freiheit« ihre belebenden Eigenschaften nicht entfalten kann, wenn sie zum Vorrecht bestimmter Parteien wird. Als Zitat dient die Sentenz häufig der Mahnung zur Toleranz.

Man wird häufig finden, dass die Verteidiger der Freiheit nicht selten Tyrannen in ihrem Hause sind.
Georg Christoph Lichtenberg, deutscher Schriftsteller und Physiker (1742–1799)

Freiheit ist die Eigenschaft der Wesen, bei denen das Bewusstsein einer Regel der Grund der Handlungen ist.
Immanuel Kant, deutscher Philosoph (1724–1804)

Der Mensch ist zur Freiheit verurteilt.
Jean-Paul Sartre, französischer Philosoph und Schriftsteller (1905–1980)

Freiheit! Ein schönes Wort, wer's recht verstünde.
Johann Wolfgang von Goethe, deutscher Dramatiker und Dichter (1749–1832)

»tutto italiano« – citazioni

M'illumino / d'immenso.

(Ich erleuchte mich / durch Unermessliches.)

Giuseppe Ungaretti, italienischer Lyriker (1888–1970)

Anch'io sono pittore!

(Auch ich bin Maler!)

Correggio (eigentlich Antonio Allegri), italienischer Maler (um 1489–1534)
Dies soll Correggio bei einem Aufenthalt in Bologna ausgerufen haben, als er Raffaels Gemälde der heiligen Cäcilia betrachtete. Wir zitieren den Ausruf heute, um auf unser – bescheideneres – Talent aufmerksam zu machen, wenn wir ein Meisterwerk vor uns haben.

Libera chiesa in libero stato.

(Freie Kirche im freien Staat.)

Graf Camillo Benso di Cavour, italienischer Staatsmann (1810–1861)

Se non è vero, è molto ben trovato.

(Wenn es nicht wahr ist, so ist es sehr gut erfunden.)

Giordano Bruno, italienischer Philosoph (1548–1600)
Diese Sentenz wurde durch das 1585 erschienene Werk Brunos »Gli eroici furori« (»Von den heroischen Leidenschaften«) bekannt. Sie findet sich im 2.Teil, Dialog 3 und lautet im italienischen Original: »Si non è vero, è molto ben trovato.« Der Ausspruch drückt zwar den Zweifel am Wahrheitsgehalt einer Sache aus, zollt dem hohen Grad der Erfindungsgabe dennoch Anerkennung und wird auch in diesem Sinne gerne zitiert.

Nessun maggior dolore / Che ricordarsi del tempo felice / Nella miseria.

(Kein andrer Schmerz ist größer / als zu gedenken an des Glückes Zeiten / im Elend.)

Dante Alighieri, italienischer Dichter (1265–1321)

L'Italia farà da se.

(Italien wird allein fertig werden.)

Carlo Alberto, König von Sardinien
(Regentschaft 1831–1849)

Nessun dorma. (aus: *Turandot*)

(Keiner schlafe.)

Giacomo Puccini, italienischer Komponist (1858–1924)

La donna è mobile (qual piuma al vento) ...

(Leicht und beweglich ist die Frau,
[wie eine Feder im Wind] ...)

nach Giuseppe Verdi, italienischer Komponist (1813–1901)
Diese bekannte Arie des Herzogs von Mantua stammt aus der Oper »Rigoletto« (III,2) von Giuseppe Verdi (1813–1901). – Als Zitat ist die deutsche Übersetzung von J. C. Grünbaum geläufig: »O wie so trügerisch, sind Frauenherzen.« Die literarische Quelle dafür ist Victor Hugos Lied in »Le roi s'amuse« (»Der König amüsiert sich«), erschienen 1832: »Souvent femme varie / Bien fol qui s'y fie! / Une femme souvent / N'est qu'une plume au vent«. (»Wankelmütig ist oft die Frau, / töricht, wer ihr vertraut. / Eine Frau ist oft nichts / wie eine Feder im Wind.«)

Lasciate ogni speranza, voi ch'entrate!

(Ihr, die ihr hier eintretet, lasst alle Hoffnung fahren!)

Dante Alighieri, italienischer Dichter (1265–1321)

Tempi passati!

(Vergangene Zeiten!)

Joseph II., österreichischer
Kaiser (1786–1790)

Cosí fan tutte.

(So machens alle [Frauen.])

Der Text zu der gleichnamigen komischen Oper stammt von Lorenzo da Ponte, die Musik schrieb Wolfgang Amadeus Mozart. Sie wurde 1790 in Wien uraufgeführt. – Gemeint ist, dass doch alle Frauen die gleichen Stärken und Schwächen haben.

Gerechtigkeit

Man kann nicht gerecht sein, wenn man nicht menschlich ist.
Luc de Clapiers Vauvenargues, frz. Moralist (1715–1747)

Gerechtigkeit ohne Gnade ist nicht viel mehr als Unmenschlichkeit.
Albert Camus, frz. Schriftsteller und Philosoph (1913–1960)

… und geh nicht ins Gericht mit deinem Knecht; / denn vor dir ist kein Lebendiger gerecht.
Psalm 143,2

Wer die Krankheit hat, keine Ungerechtigkeiten ertragen zu können, darf nicht zum Fenster hinaussehen und muss die Stubentür zuschließen. Vielleicht tut er auch wohl, wenn er den Spiegel wegnimmt.
Johann Gottfried Seume, deutscher Schriftsteller (1763–1810)

Wer das Unrecht nicht verbietet, wenn er kann, der befiehlt es.
Mark Aurel (eigentlich Marcus Annius Verus), römischer Kaiser und Philosoph (121–180)

Biographisches

Während seines bewegten Lebens als römischer Kaiser (ab 161) und Feldherr (um 166–176) schrieb der so genannte »Philosophenkaiser« 12 Bücher philosophischer Selbstbetrachtungen (»An sich«); meist in Form von aphoristisch gefärbten Gesprächen. Er gilt als der letzte Stoiker. Wie keiner seiner Vorgänger und Nachfolger verkörperte er die Tugenden der Pflichttreue, der Unerschütterlichkeit und des Mutes und verwirklichte sie sowohl in seiner persönlichen Lebensweise als auch in seiner Herrschaft.

Recht muss doch Recht bleiben.
Psalm 94,15

Die Gerechtigkeit soll ihren Lauf nehmen, und gehe die Welt darüber zugrunde.
Ferdinand I., römisch-deutscher Kaiser (1503–1564)

Der Gerechte geht heim, doch sein Licht bleibt.
Fjodor Michailowitsch Dostojewskij, russischer Dichter (1821–1881)

Es gibt keinen Menschen, der nicht die Freiheit liebte; aber der Gerechte fordert sie für alle, der Ungerechte nur für sich allein.
Ludwig Börne, deutscher Schriftsteller und Theaterkritiker (1786–1837)

Zeit und Vergänglichkeit

Die Zeit ist eine Uhr ohne Ziffern.
Ernst Bloch, deutscher Philosoph (1885–1977)

Eine Stunde ist nicht lediglich eine Stunde; sie ist ein Gefäß, das mit Düften, Tönen, Plänen und Klimaten gefüllt ist.
Marcel Proust, französischer Schriftsteller (1871–1922)

Ich wundere mich oft darüber, wie leichtfertig man um Zeit bittet und sie anderen gewährt. Es ist gleichsam, als wenn um ein Nichts gebeten wird.
Lucius Annaeus Seneca, römischer Dichter und Philosoph (um 4 v. Chr. – 65 n. Chr.)

Jede Zeit ist umso kürzer, je glücklicher man ist.
Plinius der Jüngere, römischer Staatsmann und Schriftsteller (62–114)

Jede Zeit hat ihre Aufgabe, und durch die Lösungen derselben rückt die Menschheit weiter.
Heinrich Heine, deutscher Dichter (1797–1856)

Wer längst Vergangenes in der Gegenwart aufsuchen möchte, setzt sich meist einer großen Enttäuschung aus.
Wilhelm Busch, deutscher Dichter und Maler (1832–1908)

Die Zeit ist ein guter Arzt, aber ein schlechter Kosmetiker.
William Somerset Maugham, englischer Erzähler und Dramatiker (1874–1965)

Wo nehme ich nur die Zeit her, so viel nicht zu lesen?
Karl Kraus, österr. Publizist und Schriftsteller (1874–1936)

Ach, wie bald schwindet Schönheit und Gestalt.
Wilhelm Hauff, deutscher Schriftsteller (1802–1827)

Wunderliches Wort: Die Zeit vertreiben! / Sie zu halten wäre das Problem. / Denn, wen ängstigt's nicht: wo ist ein Bleiben, / wo ein endlich Sein in alledem?
Rainer Maria Rilke, deutscher Dichter und Schriftsteller (1875–1926)

Die Zeit ist aus den Fugen. (aus: *Hamlet*)
William Shakespeare, englischer Dramatiker (1564–1616)

Wussten Sie schon ...

In Shakespeares gleichnamigem Drama (1,5) spricht Hamlet diese Worte. Nachts zuvor war ihm der Geist seines vom Bruder ermordeten Vaters erschienen und hatte ihn aufgefordert, ihn zu rächen. »Die Zeit ist aus den Fugen; Schmach und Gram, / Dass ich zur Welt, sie einzurichten, kam.« Als Zitat verwendet, verleihen sie der Befürchtung Ausdruck, dass man in einer Gegenwart lebt, in der jegliche ordnende Kraft verloren gegangen ist.

Stille und Ruhe

Wenn man seine Ruhe nicht in sich findet, ist es zwecklos, sie andernorts zu suchen.
François La Rochefoucauld, französischer Schriftsteller (1613–1680)

Nun hat die liebe Seele Ruh' …
Lk 12,19

Wussten Sie schon …

In einem Gleichnis aus dem Lukasevangelium füllt ein Mann seine Scheunen und sagt sich dann: »Liebe Seele, du hast einen großen Vorrat für viele Jahre; habe nun Ruh, iss, trink und habe guten Mut!« Mit dem Zitat bedeutet man jemandem, dass er von etwas nun genug gehabt habe; dass der Vorrat erschöpft sei.

Bei den meisten Menschen ist die Ruhe nichts als Erstarrung und die Bewegung Raserei.
Epikur, griechischer Philosoph (341–271 v. Chr.)

Man strebt danach, eine Arbeit zu haben, um das Recht zu haben, sich auszuruhen.
Cesare Pavese, italienischer Schriftsteller (1908–1950)

Meine Ruh ist hin, / Mein Herz ist schwer; / Ich finde sie nimmer / Und nimmermehr.
Johann Wolfgang von Goethe, deutscher Dramatiker und Dichter (1749–1832)

Ohne Ruhe geht es nicht, / Ruh ist die erste Bürgerpflicht; / Wer sich dieser Pflicht ergeben, / Kann bei uns ganz sorglos leben.
August Heinrich Hoffmann von Fallersleben, deutscher Dichter (1798–1874)

Frost! Friere mir ins Herz hinein! / Tief in das heiß bewegte, wilde! / Dass einmal Ruhe mag da drinnen sein, / wie hier im nächtlichen Gefilde!
Nicolaus Lenau, deutscher Dichter (1802–1850)

Der wahre, tiefe Friede des Herzens und die vollkommene Gemütsruhe sind allein in der Einsamkeit zu finden.
Arthur Schopenhauer, deutscher Philosoph (1788–1860)

Über den Wassern deiner Seele schwebt unaufhörlich ein dunkler Vogel: Unruhe.
Christian Morgenstern, deutscher Schriftsteller (1871–1914)

Vergangenheit und Zukunft

Die Zukunft war früher auch besser.
Karl Valentin, deutscher Komiker (1882–1948)

Kein Mensch, der über die Vergangenheit genau Bescheid weiß, wird die Gegenwart düster oder verzagt sehen.
Lord Thomas Macaulay, englischer Historiker (1800–1859)

Wer heute nur für sich selbst sorgen will, verspielt mit der Zukunft anderer auch seine eigene.
Gustav Heinemann, deutscher Politiker (1899–1976)

Zeige mir deine Vergangenheit, und ich sage dir, wer du bist. Nur nach ihrer Vergangenheit sollte man die Menschen beurteilen.
Oscar Wilde, englischer Schriftsteller (1854–1900)

Der heutige Tag ist ein Resultat des gestrigen. Was dieser gewollt hat, müssen wir erforschen, wenn wir zu wissen wünschen, was jener will.
Heinrich Heine, deutscher Dichter (1797–1856)

Es geht um unsere Zukunft. Wir müssen mutig und entschlossen die notwendigen Veränderungen durchsetzen. Mit Jammern lässt sich die Zukunft nicht gewinnen.
Helmut Kohl, deutscher Bundeskanzler (geb. 1930)

Es gibt nur eine Tragödie im Leben der Frau: Dass ihre Vergangenheit stets ihr Geliebter, und ihre Zukunft stets ihr Mann ist.
Oscar Wilde, englischer Schriftsteller (1854–1900)

Über meine Zukunft habe ich mir als Philosoph nie Sorgen machen wollen, denn von ihr weiß ich nichts.
Giacomo Casanova, italienischer Schriftsteller und Abenteurer (1725–1798)

Ich denke niemals an die Zukunft. Sie kommt früh genug.
Albert Einstein, deutscher Physiker (1879–1955)

Zukunft hast du mir gegeben, / doch du nahmst den Augenblick, / Nahmst der Stunde fröhlich' Leben – / Nimm dein falsch' Geschenk zurück!
Friedrich von Schiller, deutscher Dramatiker (1759–1805)

Aus der Vergangenheit kann jeder lernen. Heute kommt es darauf an, aus der Zukunft zu lernen.
Herrmann Kahn, deutscher Zukunftsforscher (1922–1983)

Wer vor seiner Vergangenheit flieht, verliert das Rennen.
T(homas) S(tearns) Eliot, amerikanisch-englischer Dichter (1888–1965)

Bildung und Ausbildung ist unser Pass für die Zukunft und das Morgen gehört denjenigen, die sich heute darauf vorbereiten.
Wolfgang Gerhardt, deutscher Politiker (geb. 1943)

Kleines Einmaleins des Zitierens

»Ich zitiere mich gern selbst. Das gibt meiner Konversation Würze.« George Bernard Shaw

Das würde so mancher auch gerne von sich behaupten, allein wir Normalsterblichen verfügen in der Regel nicht über einen solchen Fundus an eigenen Bonmots wie der große irische Schriftsteller. Aber seien Sie unbesorgt: Der Vorrat an guten Zitaten ist schier unerschöpflich! Und die zweite Aussage des Zitates – das, was Shaw als »Würze« bezeichnet? Welche sind die Ingredienzen? Um beim Bild zu bleiben: Eine Prise Erfahrung, eine Messerspitze Humor und nicht selten ein ganzer Teelöffel voll Weisheit anderer, zumeist berühmter Menschen. Diese Eigenschaften, oft in einem einzigen Satz vereint, können Sie sich zunutze machen.
Ob es nun darum geht, einen Vortrag oder eine Rede zu halten, oder ob Sie einen Liebesbrief »komponieren« wollen: Ein gutes Zitat kann Ihren eigenen Worten Authentizität und Nachdruck verleihen. Zitate bringen komplizierte Sachverhalte oder komplexe Gefühlslagen auf den Punkt – und wirken aufgrund ihrer sprachlichen Schönheit oder pointierten Aussage nie simpel. Zitate greifen durch einen speziellen Trick der menschlichen Wahrnehmung: Ihr gekonnter Einsatz lässt nicht etwa den nahe liegenden Eindruck entstehen, als beteten Sie lediglich einen guten Gedanken nach – ganz im Gegenteil: Der Zitatgeber selbst scheint es zu sein, der Ihren Worten von ganzem Herzen zustimmt! Mit derart prominentem Rückhalt bleiben Ihre Worte und somit Ihr Vortrag oder Ihr Brief in bester Erinnerung.
Um nun diese positive Wirkung zur vollen Entfaltung zu bringen, gilt es zunächst, einige Regeln zu beachten:

- Gehen Sie mit Zitaten äußerst ökonomisch um. Eines ist genug, auf mehr als zwei sollten Sie niemals zurückgreifen. Sie geraten sonst schnell in den Verdacht, nur mit Ihrer Gelehrsamkeit punkten zu wollen, oder schlimmer: Ihr Publikum hält Sie für einen »Sprücheklopfer«.

- Setzen Sie Zitate bewusst ein. Dies beginnt schon bei der Auswahl. Sie muss dem von Ihnen gewählten Thema entsprechen und sollte natürlich Ihrem Publikum angemessen sein. Bitte beziehen Sie auch die Reputation des Zitatgebers in diese Überlegungen mit ein: Einer Glückwunschkarte zur Verlobung sollten Sie nicht unbedingt eine Sentenz von Giacomo Casanova voranstellen.
- Vermeiden Sie allzu bekannte und abgedroschene Zitate – die einzige Wirkung, die Sie damit erzielen, ist der Eindruck, Ihnen sei nichts Besseres eingefallen. Zitate wirken je nach ihrer Positionierung unterschiedlich. Der Vorteil eines Zitates am Beginn Ihrer Worte, seien sie nun schriftlich niedergelegt oder mündlich weitergegeben, ist klar: Noch ist Ihre Zuhörer- oder Leserschaft sehr aufnahmefähig. Sie hingegen stärken Ihre Position, indem Sie zeigen, dass eine berühmte Persönlichkeit mit dem, was Sie zu sagen haben, sozusagen konform geht. Als Nachhall Ihrer eigenen Worte kann ein Zitat am Schluss sehr effektiv sein. Es liegt bei Ihnen, an welcher Stelle Ihrer Ausführungen Sie sich diese Extraportion Aufmerksamkeit sichern wollen – solange Sie es nicht immer an der gleichen Stelle tun.
- Vermeiden Sie behelfsmäßige Wendungen wie »Um mit den Worten Augusts des Starken zu sprechen …«. Der Automatismus des Weghörens setzt leider schnell ein. Bevorzugen Sie die schlichte, aber wesentlich elegantere Variante: »Oscar Wilde hat einmal gesagt …«
- Ändern Sie ein Zitat nicht ab und versuchen Sie bitte nicht, ihm einen modernen Anstrich zu geben, mag Ihnen auch manche Formulierung altmodisch vorkommen. Sie werden es nicht besser machen, nur schlechter. Bevor Sie dieser Versuchung erliegen, wenden Sie sich lieber gleich bekannten Zeitgenossen zu. Hier finden Sie ebenso interessantes und zitierfähiges Material.

- Begründen und kommentieren Sie den Einsatz des von Ihnen gewählten Zitates. So schaffen Sie die unabdingbare Verknüpfung zu Ihrem Thema.
- Reißen Sie ein Zitat nicht aus seinem Zusammenhang und versuchen Sie nicht, es in eine entgegengesetzte Bedeutung zu zwingen.
- Genaue Quellenangaben sind wissenschaftlichen Arbeiten vorbehalten; weisen Sie also einfach auf den Autor hin und fügen Sie dem eventuell noch den Anlass oder das Werk bei, wenn ein Gedankengang Ihrer Ausführungen das erfordert.
- Geben Sie nie ein Zitat als Ihre eigene Schöpfung aus – Sie ersparen sich damit mögliche, und dann garantiert schrecklich peinliche Situationen.

Gekonnt zitieren in Rede und Brief

Die oben stehenden Regeln haben im Umgang mit Zitaten allgemeine Gültigkeit. Darüber hinaus gibt es noch hilfreiche Tipps speziell zu Rede und Brief.

Zur Rede

Bei Reden zu Familienfesten ist es besonders wichtig, dass Sie sich etwas Originelles einfallen lassen. Abgeschmackte Zitate sind absolut tabu; man darf von Mitgliedern der eigenen Familie zu Recht einen aussagekräftigeren Blickwinkel auf die zu feiernde Person erwarten.

Bei jeder Rede sollten Sie die Konzentrationsspanne Ihrer Zuhörer berücksichtigen. Für einen rüstigen Jubilar etwa stellen Sie das Zitat an den Anfang Ihrer Festrede, da dann die Aufnahmefähigkeit Ihrer Zuhörer noch groß ist, die des Geburtstagskindes mit eingeschlossen. Wenn Sie jedoch eine Grabrede halten, wirkt es feierlich und schön, wenn Sie den Trauernden eine Stimme mit auf den Heimweg geben, welche die Zeit und die Erinnerung überdauert hat. Wenn Sie in Ihrer

Familie zum Redenschreiber auserkoren worden sind, achten Sie darauf, die Positionierungen der Zitate oft zu wechseln und jegliche Wiederholung zu vermeiden.
Bei Reden zu heiteren Anlässen wählen Sie sicher ein spaßiges Zitat – aber lachen Sie bitte nicht selbst am lautesten darüber! Je »cooler« Sie bleiben, desto nachhaltiger wird die beabsichtigte Wirkung sein. Oft bietet auch die Entstehungsgeschichte eines Zitates einen begrüßenswerten Zugewinn an Abwechslung, ohne ins rein Anekdotenhafte abzugleiten.
Lassen Sie sich Zeit, erproben Sie, an welcher Stelle Ihres Vortrages das Zitat am besten zur Geltung kommt – als Einleitung, Wendepunkt oder Schlussakzent.
Zuletzt noch einige wichtige Ratschläge zum Vortrag selbst: Versuchen Sie, laut, deutlich und vor allem nicht zu schnell zu sprechen. Üben Sie vor einem Mikrofon, falls es Ihnen möglich ist, und halten Sie einen trittsicheren Hocker parat, falls Sie nicht groß sind: Wenn man nur noch Ihren Haarschopf über dem Rednerpult sieht, können Sie als Person unmöglich überzeugen. Ihr Publikum will sich nämlich »angesprochen« fühlen, daher sollten Sie gelegentlich von Ihrem Skript aufschauen und Augenkontakt herstellen.

Zum Brief

Geschäftliche Korrespondenz: Gehen wir zunächst auf Ihre Geschäftskorrespondenz ein. Zitate werden in diesem Zusammenhang meist für saisonale Grüße, Geburtstags- oder Dienstjubiläumswünsche und Kondolenzbriefe verwendet. Seien Sie hier bewusst diskret in der Auswahl Ihrer Zitate. Saftige Sprüche von Luther etwa kommen nicht in Frage; ebenso sind natürlich anzügliche Zitate jeder Art im Geschäftsbereich zu unterlassen. Mit Goethe, Schiller oder den Worten eines berühmten Kirchenlehrers hingegen liegen Sie nie falsch.
Was die Positionierung betrifft, so ist es für die eleganteste Lösung, das Zitat – unter Angabe des Zitatgebers natürlich, aber nicht mehr – noch vor der Anrede zu platzieren. Greifen

Sie dessen Inhalt dann im ersten Satz Ihres Schreibens paraphrasiert wieder auf, um dann eine sinnvolle Verknüpfung mit Ihren eigenen Gedanken vorzunehmen. Fassen Sie sich dabei kurz, und bemühen Sie sich um einen warmen Ton, ohne allzu persönlich zu werden.

Private Korrespondenz: In Ihrer Privatkorrespondenz dürfen Sie natürlich etwas mehr Lockerheit walten lassen. Ihr Schwiegervater wird sicher nichts dagegen haben, als Motto seiner Geburtstagskarte Udo Jürgens' bekannten Songtitel »Mit 66 Jahren, da fängt das Leben an« zu lesen. Aber auch hier sollten Sie mit Fingerspitzengefühl und Einfühlungsvermögen für den jeweiligen Adressaten Passagen auswählen. Verschonen Sie also Ihre belesene Mutter mit Zitaten aus dem Mund von Lil' Kim, und belästigen Sie Teenager möglichst nicht mit Montaigne.

Liebesbriefe: Auch Liebesbriefe können enorm von einem handverlesenen, leichthändig eingestreuten Zitat profitieren. Ganze Sätze im Wortlaut »abzukupfern« ist jedoch risikoreich und bringt überhaupt nichts. Unabhängig davon, ob Ihr Gegenüber es merkt oder nicht: Ihr Adressat hat es nicht verdient, so gänzlich aus zweiter Hand bedacht zu werden. Hier sind Ihre eigenen Worte, auch wenn sie vielleicht unbeholfen und schüchtern daherkommen, immer noch diejenigen, auf die es ankommt.

Wenn Sie sich für ein Zitat entscheiden, denken Sie nicht so sehr daran, was *Ihnen* besonders zusagt, sondern was dem Empfänger des Briefes gefallen könnte. Wenn beispielsweise Ihrem Angebeteten – außer Ihnen natürlich – das Skateboard und seine Kumpels über alles gehen, wird er mit einer geistreichen Sentenz von Madame de Staël eher wenig anfangen können. Hier wählen Sie lieber ihm bekannte prominente Zeitgenossen. Wenn er auf sich beziehen darf, was Madonna Nettes über Männer zu sagen hat, versteht er Sie sicher goldrichtig!

Personenregister

Mager gesetzte Seitenzahlen verweisen auf Zitate des jeweiligen Urhebers, **fett** gesetzte auf biographische Angaben in Infokästen, *kursive* auf Erwähnungen der Person in sonstigen Zusammenhängen.

D

E

I

J

K

L

M

Q

R

S

T

Bücher, die weiterhelfen

Bayer, Karl: *Nota bene. Das lateinische Zitatenlexikon,* Albatros im Patmos-Verlag, Düsseldorf

Ein beeindruckendes Standardwerk mit über 3000 lateinischen Zitaten, Redewendungen und Aphorismen. Für Liebhaber der lateinischen Sprache ein Muss!

Förster, Hans Peter: *Professionell Briefe schreiben. Neue Wege der Geschäftskorrespondenz – kundengerecht und imagefördernd,* Frankfurter Allgemeine Buch im F.A.Z.-Institut

Eine gute Geschäftskorrespondenz zu führen ist gar nicht so einfach: Zeitgemäß und dennoch korrekt, imagefördernd und gleichzeitig kundengerecht sollte sie sein – dieser kundige Ratgeber sagt Ihnen, wie Sie diesen Eindruck am besten vermitteln.

Knowles, Elizabeth (Hrsg): *The Oxford Dictionary of Quotation,* Oxford University Press, Oxford

Dieses Buch ist ein Klassiker und ein richtiger Wälzer (20 000 Zitate auf 1100 Seiten!). Für die 6. Auflage wurde das Buch letztes Jahr überarbeitet und aktualisiert. Trauen Sie Ihrem Englisch ruhig mehr zu und lesen Sie die schönen Zitate im Original – die meisten Zitate sind leicht zu lesen und es macht Spaß, Klassisches und Zeitgenössisches im Original zu entdecken.

Kobschätzky, Andreas (Hrsg.): *Zitate. Für jeden Anlass, von klassisch bis frech,* GRÄFE UND UNZER VERLAG, München

Eine kleine Zitatesammlung. Schön: Jede Doppelseite bietet ein neues Thema, nett zum Schmökern. Die modernen und frechen Zitate überwiegen.

Miltner, Frank; Kolb, Klaus: *Gedächtnis-Training. Der schnelle Weg zur Spitzenleistung. Mit 10-Tage-Trainingsprogramm,* GRÄFE UND UNZER VERLAG, München

Miltner, Frank; Kolb, Klaus: *Gedächtnis-Training für den Job. Namen, Zahlen, Fakten und Gesichter nie mehr vergessen,* GRÄFE UND UNZER VERLAG, München

Mit Hilfe der beiden Gedächtnistrainingsbücher von Miltner und Kolb können Sie Ihre Merkfähigkeit verbessern und die erzielten Fortschritte nachprüfen. Auch eine echte Hilfe bei Einstellungs- und Eignungstests!

Proff, Verena: *Hochzeit: Reden und Glückwünsche. Vom originellen Toast zur Festrede,* GRÄFE UND UNZER VERLAG, München

Mit vielen Formulierungen und Textbausteinen für Glückwunschkarten und -briefe.

Web-Adressen, die weiterhelfen

www.aphorismen.de
Eine mehrfach ausgezeichnete Internetseite mit einer gut sortierten Themenliste. Die Suche nach Autor und Inhalt ist zwar theoretisch möglich, aber praktisch noch verbesserungsfähig. Über 79.000 Zitate können kostenlos eingesehen werden.

www.eslcafe.com/idioms
Hilfreiche englischsprachige Website mit typischen Redewendungen sowie Erklärungen und Anwendungsbeispielen.

www.glettkau.de
Eine Datenbank mit über 6000 Zitaten, Witzen und SMS-Sprüchen sowie einem täglichen (kostenlosen) Newsletter.

www.manythings.org/proverbs
Auf dieser kurzweiligen Seite gibt es mehr als 230 gebräuchliche englische Sprichwörter und Redensarten. Wer Spaß am Knobeln hat oder sich und sein Wissen testen möchte, kann die Sprichwörter auch als Lückentext bearbeiten.

www.quoteland.com
Suchen Sie ein englisches Zitat zu einem bestimmten Thema oder eines bestimmten Autors für eine besondere Gelegenheit? Dann sind Sie hier richtig.

www.womanticker.net
Eine Website extra für Frauen, die im Rahmen eines Serviceteils Zitate anbietet. Dieser Bereich ist nicht sehr umfangreich, aber es findet sich wohltuend »unaufgeregtes« Material darin – das heißt, es geht nicht ausschließlich um Männer!

www.zitate.at
Diese umfangreiche Zitatenbank, die auch fremdsprachliches Material anbietet, ist sehr benutzerfreundlich aufgebaut – aber kostenpflichtig.

www.zitate.de
Über 11.000 recherchierte Zitate im direkten Zugriff.

www.zitaten-service.de
SMS-Sprüche sowie über 4000 Zitate und Texte für (fast) alle Lebenslagen.

Hinweis

Die Texte in diesem Buch stammen aus Zeitungen, Zeitschriften, anderen Printmedien, dem Internet, Funk und Fernsehen und wurden in der Form, in der sie in den vorgenannten Quellen benutzt wurden, aufgenommen. Sollten trotz sorgfältiger Recherchen der Herausgeberin und des Verlages rechtepflichtige Texte aufgenommen worden sein, werden die Rechteinhaber gebeten, sich an den Verlag zu wenden.

Wichtiger Hinweis

Die Beiträge in diesem Buch sind sorgfältig recherchiert und entsprechen dem aktuellen Stand. Abweichungen, beispielsweise durch seit Drucklegung geänderte Preise, Gebühren, Anlageentwicklungen, WWW-Adressen etc., sind nicht auszuschließen. Weder Autorin noch Verlag können für eventuelle Nachteile oder Schäden, die aus den im Buch gegebenen praktischen Hinweisen resultieren, eine Haftung übernehmen.

Die Autorin

Christina Hirson begann ihre Karriere zunächst als Wirtschaftsdolmetscherin und Übersetzerin (Englisch, Spanisch und Französisch). Anschließend studierte sie Volkskunde und Kulturwissenschaften. Seit mehreren Jahren ist sie als Autorin, Übersetzerin und freie Journalistin tätig. Aus dieser Arbeit entwickelte sich ihre Leidenschaft für das Sammeln von Zitaten.

GRÄFE UND UNZER VERLAG,
Redaktion Leben & Lernen
Grillparzerstr. 12
81675 München

Programmleitung:
Steffen Haselbach

Leitende Redaktion:
Anita Zellner

Redaktion: Nina Weber

Lektorat:
Nicole Schmidt-Biermann, München

Umschlag:
independent Medien-Design

Innenlayout: Martin Knipping

Titelillustration: Isabelle Fischer

Herstellung: Maike Harmeier

Satz: Knipping Werbung GmbH, Berg/Starnberg

Repro: Penta Repro, München

Druck und Bindung:
Druckerei L. Auer, Donauwörth

Umwelthinweis
Dieses Buch wurde auf chlorfrei gebleichtem Papier gedruckt. Um Rohstoffe zu sparen, haben wir auf Folienverpackung verzichtet.

ISBN (10) 3-7742-6955-6
ISBN (13) 978-3-7742-6955-2

Auflage:

6.	5.	4.	3.	2.
2009	2008	2007	2006	2005

GRÄFE UND UNZER

Ein Unternehmen der
GANSKE VERLAGSGRUPPE